DBV

Benedikta Hintersberger

Mit Jugendlichen meditieren

Methoden · Einstiege · Texte

Don Bosco Verlag · München

Mitglied der Verlagsgruppe „engagement"

2. Auflage 1983 / ISBN 3-7698-0428-7

Umschlaggestaltung: Monika Plenk, München
Satz und Druck: Druckerei Holzer, Weiler im Allgäu
Bindearbeiten: Grimm & Bleicher, München

Inhalt

Einleitung

Wer als Erzieher in Schule oder Jugendarbeit mit jungen Menschen zu tun hat, weiß um deren Aufgeschlossenheit für Meditation; er kennt aber auch deren Schwierigkeit, still zu werden, „abschalten" zu können, sich zu konzentrieren. „Wir sehnen uns nach Stille, ertragen sie aber nicht mehr." So und ähnlich umschreiben Jugendliche selbst diese Spannungssituation.

Seit Jahren beschäftigt mich darum die Frage, wie mit 13- bis 17jährigen meditative Formen eingeübt werden können. Im Gespräch mit anderen und im gemeinsamen Suchen und Ausprobieren glaube ich, einen Weg gefunden zu haben, der jungen Leuten in dieser Altersstufe einen Zugang zum Meditieren ermöglicht. Zum besseren Verständnis der meditativen Übungen, die im Laufe der Zeit entstanden und erprobt wurden, nur einige klärende Hinweise!

- Unsere Anregungen gehen davon aus, daß Meditationen nicht aus dem Alltag herausgehoben werden sollen, sondern ihren Sitz gerade im alltäglichen Leben haben. Im Alltag meditieren, das bedeutet konkret: die meditativen Übungen dürfen nicht zu lang sein; altersgemäße Formulierungen und Methoden sind zu wählen; es geht immer um den jungen Menschen, seine Fragen, seine Ziele, seine Welt; alles, was uns begegnet – ein Wort, ein Ding, eine schlechte Note, ein Lied, eine freundschaftliche Geste –, kann Anlaß zu einer meditativen Besinnung sein; Meditationen haben nicht nur vereinzelt in Wochenendseminaren, sondern im Schul- und Gemeindealltag Platz. Darum wurden fast alle der hier vorgeschlagenen Übungen auch in der Schule durchgeführt: im Religionsunterricht, bei Schulgottesdiensten, anstelle des Schulgebetes. Mag sein, daß für derartige Vorübungen das Wort „Meditation" im engeren Sinne nicht zutrifft, aber das ist für mich im Vergleich zu dem, was sie erzielen, auch unwesentlich.

- Da viele Jugendliche angesprochen werden sollen, ist es notwendig, die vielfältigsten Formen zu wählen und einzuüben. Dem einen liegt eben mehr eine naturale Meditation, der andere kann mit einem Wort, einem Gleichnis oder einem Märchen viel anfangen, der dritte wird durch ein Symbol stark angesprochen, während ein vierter meditatives Gestalten vorzieht. Jeder hat seinen Weg auch im Meditieren zu finden. Deshalb sollte der Verantwortliche darum bemüht sein, ein großes Angebot an Methoden und meditativen Elementen zu kennen und anzuwenden.

- Gerade weil in der Literatur eine Fülle von Anregungen zu finden ist, besteht die Gefahr, diese vorschnell zu übernehmen. Aber eine gute Anleitung setzt voraus, daß ich mich selbst mit den Vorschlägen, Impulsen, Methoden, Medien und dem angestrebten Ziel auseinandergesetzt habe. Die hier vorgeschlagenen Übungen wollen auch in diesem Sinne verstanden werden. Ich kann und darf nur die Anregungen übernehmen, die mir persönlich zusagen, mit denen ich mich identifiziere, die im Meditieren meine eigenen geworden sind. Außerdem ist immer die Situation meiner Gruppe oder Klasse miteinzubeziehen: Wie ist sie zusammengesetzt? Was kann ich ihr zumuten? Was spricht sie am meisten an? Was hilft ihr am besten? Besonders für das Einführen und Anleiten zum Meditieren trifft darum der Leitspruch des Thomas v. Aquin zu: Contemplata aliis tradere! Nur was ich selbst reflektiert, durchgeübt, meditiert und erfahren habe, das kann ich anderen weitergeben.

- Nun könnte der Eindruck entstehen, als ob es in der Meditation mit jungen Menschen allein um die Methode ginge. Gewiß, Unsicherheiten in der Verwendung von Methoden, geringe Vorbereitung und „Großzügigkeit“ in der Gestaltung können einer Meditation schaden. Das gilt auch für den Einsatz von technischen Medien. So entscheidend aber ein guter Impuls und eine gründliche Vorbereitung auch sein mögen, das Gelingen einer meditativen Übung hängt letztlich nicht ab von dem, was gemacht, geplant und geleistet werden kann, sondern bleibt Geschenk Gottes. Diese glaubende Gewißheit schützt mich vor bedenklichem Erfolgszwang, ermutigt bei scheinbar vergeblichem Bemühen und macht mich dankbar, wenn eine Anregung gut aufgenommen wird.

- All diese meditativen Formen sollen Jugendlichen nicht nur dazu verhelfen, sich konzentrieren, über sich selbst nachdenken und eigene Fragen klären zu können. Sie wollen auch dazu anregen, Beziehungen aufzunehmen mit den anderen und – wenn es möglich ist – mit Gott. Darum legen wir besonderen Wert auf das meditative Gespräch. Das ist nun alles andere als Diskussion, Information oder ein „Reden über“. Auch allzu schnell hingesagte Phrasen sind unangebracht. Selbst die Frage, ob die Beiträge „richtig“ oder theologisch akzeptabel sind, ist nebensächlich. In einem meditativen

Gespräch geht es einzig und allein darum, daß ich den anderen ein Stück weit teilnehmen lasse an meiner persönlichen Erfahrung. Darum ist es ganz wichtig, daß hier größte Freiheit gewährt wird: Einige werden sehr zurückhaltend reagieren, und manches kommt sicher nur stockend, schlecht formuliert oder in knappen Andeutungen. Ein solches Gespräch ist deshalb auch nur möglich, wenn sich jeder um Geduld, Verständnis, Vertrauen und Fingerspitzengefühl bemüht. Aus Erfahrung kann ich aber sagen, daß junge Menschen dieses gemeinschaftsbezogene Meditieren bevorzugen; vielleicht auch deshalb, weil meditative Gespräche zu einem vertieften Erleben führen können, toleranter machen gegenüber anderen Meinungen, Impulse geben zu neuem Nachdenken und oftmals die Beziehungen in der Gruppe verbessern. Ich möchte jedenfalls zu dieser meditativen Form ermutigen.

- Als christlicher Erzieher ist es mir ein großes Anliegen, junge Menschen zu motivieren, ihr Leben an der Botschaft und am Weg Jesu zu orientieren. Dementsprechend sind die meditativen Übungen auch so angelegt, daß sie transparent sind für diese Dimension. Aber sie würden ihr Ziel verfehlen, wenn eigene Antworten, Wertmaßstäbe und Überzeugungen dem anderen aufgedrängt würden, wenn der Heranwachsende im Grunde nur vereinnahmt oder „unmündig“ gemacht würde. Dieses Freilassen ist sicher nicht einfach, und manchmal gehen religiöse Impulse schwer von den Lippen, wenn man spürt oder erfährt, daß Jugendliche aus der Gruppe oder Klasse zwar mit großem Engagement nach Wahrheit, Glück und Lebenssinn suchen, dabei die Frage nach Gott aber – mindestens hat es den Anschein – konstant ausklammern und jede Auseinandersetzung darüber ablehnen. Aber diese Spannung ist auszuhalten, denn Dienst am Glauben kann nur ein „Hebammendienst“ sein, eine Hilfe bei dem nicht immer leichten Prozeß der Selbstwerdung und Selbstfindung. Freilich braucht die religiöse Dimension nicht bei jeder Meditation zum Tragen kommen. Allzuviel ist vielleicht gerade für diese Altersphase ungesund! Ich darf ja davon ausgehen, daß jeder, der sich mit der Wirklichkeit auseinandersetzt und nach der Wahrheit sucht, Gott sucht, ob es ihm klar ist oder nicht (Edith Stein).

- Mit Jugendlichen meditieren, das kann nur glaubwürdig sein, wenn wir uns als Verantwortliche miteinbeziehen, uns ihren Fragen stellen, sie an unserem Glauben teilhaben lassen, uns selbst nicht mit festen Antworten zufriedengeben, mit den jungen Menschen Suchende bleiben und uns offenhalten für die Wahrheit, die Gott selbst ist. Anleitung zu Meditation beginnt darum „im Bereich der tiefsten Selbstbesinnung: da, wo man sich selbst befragt, sich entscheidet und sich erprobt“ (M. Buber).

Mit Jugendlichen meditieren – das fordert mich aber nicht nur, sondern das bereichert und beschenkt mich zugleich. Darum möchte ich allen danken, die mir direkt oder indirekt Anregungen gaben. Dankbar bin ich den Verantwortlichen und Jugendlichen in der GCL der Diözese Augsburg, die so manche Übung mit erprobten. Und besonders herzlicher Dank gilt meinen Schülerinnen. Mit ihren kreativen und auch kritischen Ideen haben sie wesentlich zum Entstehen dieses Buches beigetragen. Ganz selbstverständlich stellten sie ihre persönlichen Erfahrungen zur Verfügung. Sie sind darum die eigentlichen Autoren.

1. Thema:

WIR TRAGEN VIELE MASKEN

1. Übung: Wir meditieren einen Text

Je nach Zusammensetzung der Gruppe bzw. der Klasse ist als Einstieg einer der folgenden Texte auszuwählen. Für Jüngere dürfte der Tagebucheintrag von A. Frank geeigneter sein als der Brief des jungen Mannes oder das Gedicht von D. Bonhoeffer. Die anschließenden Fragen können das meditative Nachdenken erleichtern. In der Regel ist es hilfreich, wenn jedem der entsprechende Text mit den Frageimpulsen zur Verfügung steht.

Aus dem Tagebuch der Anne Frank

Das jüdische Mädchen Anne Frank mußte sich wie jeder junge Mensch mit der Frage auseinandersetzen: Wer bin ich eigentlich? Als Fünfzehnjährige schrieb sie als letzten Eintrag in ihr Tagebuch:

„. . . Ich habe Angst, daß alle, die mich kennen, so wie ich immer bin, entdecken würden, daß ich eine andere Seite habe, eine schönere und bessere. Ich habe Angst, daß sie über mich spotten, mich lächerlich und sentimental finden, mich nicht ernst nehmen. Ich bin gewöhnt, nicht ernst genommen zu werden; aber nur die „leichte" Anne ist es gewöhnt und kann es ertragen, die „schwere" Anne ist zu schwach dazu. Wenn ich wirklich einmal mit Gewalt für eine Viertelstunde die gute Anne ins Rampenlicht gesetzt habe, zieht sie sich wie ein Kräutlein „Rührmich-nicht-an" zurück, so wie sie sprechen soll, läßt Anne Nr. 1 zu Wort kommen und ist, ehe ich es noch weiß, wieder verschwunden.

So ist die liebe Anne in Gesellschaft noch nie, nicht einmal zum Vorschein gekommen, doch im Alleinsein führt sie fast immer das Wort. Ich weiß genau, wie ich sein möchte, wie ich auch bin, innen, aber leider bin ich es nur für mich allein. Das ist vielleicht, nein, ganz sicher, der

Grund, aus dem ich mich selbst eine glückliche Innennatur nenne und andere Menschen finden, daß ich eine glückliche Außennatur habe. Innen weist die reine Anne mir den Weg, äußerlich bin ich nichts anderes als ein vor Ausgelassenheit hüpfendes Geißlein.

So wie ich schon sagte, empfinde ich alles anders, als ich es ausspreche, und darum habe ich den Ruf von einem Mädchen, das Jungen nachläuft, flirtet, naseweis ist und Romane liest. Die vergnügte Anne lacht darüber, gibt freche Antworten, zieht gleichgültig die Schultern hoch, tut, als ob es sie nichts angeht, aber, o weh, genau umgekehrt reagiert die stille Anne.

Da ich ehrlich bin, will ich Dir auch bekennen, daß es mir doch leid tut, daß ich mir namenlos viel Mühe gebe, anders zu werden, aber daß ich jedesmal wieder gegen stärkere Macht kämpfe.

Es schluchzt in mir: „Siehst Du, das ist daraus geworden: Schlechte Meinung, spöttische und verstörte Gesichter, Menschen, die Dich unsympathisch finden, und alles das, weil Du den Rat der eigenen guten Hälfte nicht hörst . . .“

aus: Das Tagebuch der Anne Frank (12. Juni 1942 – 1. August 1944), Verlag Lambert Schneider, Heidelberg [12]1981

Von der Schwierigkeit zu lieben

Der in den USA lebende Sozialpsychologe Tobias Brocher erzählt von einem „jungen bärtigen Mann mit Brille“, der ihm einmal während einer Tagung ein Blatt auf das Rednerpult legte mit der Bemerkung: „Das werden Sie vielleicht mal brauchen!“ Diese Erfahrungen, die ein unbekannter Jugendlicher hier niedergeschrieben hat, können tatsächlich andere junge Menschen zum Nachdenken bringen und damit helfen.

„Bitte höre, was ich *nicht* sage! Laß Dich nicht von mir narren. Laß Dich nicht durch mein Gesicht täuschen. Denn ich trage tausend Masken –, Masken, die ich fürchte abzulegen. Und keine davon bin ich. So zu tun als ob, ist eine Kunst, die mir zur zweiten Natur wurde. Aber laß Dich um Gottes willen dadurch nicht täuschen.

Ich mache den Eindruck, als sei ich umgänglich, als sei alles sonnig und heiter in mir, innen wie außen. Als sei mein Wesen Vertrauen und Kühle, so als könne ich über alles bestimmen und brauchte niemanden. – Aber glaub mir nicht. Mein Äußeres mag sicher erscheinen, aber es ist meine Maske. Darunter ist nichts Entsprechendes. Darunter bin ich, wie ich wirklich bin: verwirrt, in Angst und alleine. Aber ich verberge das, weil ich nicht möchte, daß es irgend jemand merkt. Beim bloßen Gedanken an meine Schwächen bekomme ich Panik und fürchte mich davor, mich anderen überhaupt auszusetzen. Gerade deshalb erfinde ich verzweifelte Masken, hinter denen ich mich verbergen kann: eine lässige, kluge Fassade, die mir hilft, etwas vorzutäuschen – die mich vor dem wissenden Blick sichert, der mich erkennen würde. Dabei wäre gerade dieser Blick meine Rettung. Und ich weiß es. Wenn er verbunden wäre mit Angenommenwerden, mit *Liebe* – das würde mir die Sicherheit geben, die ich mir selbst nicht geben kann –, die Sicherheit, daß ich etwas *wert* bin.

Aber das sage ich Dir nicht. Ich wage es nicht. Ich habe Angst davor. Ich habe Angst, daß Dein Blick nicht von Annahme und Liebe begleitet wird. Ich fürchte, Du wirst gering von mir denken und über mich lachen –, und Dein Lachen würde mich umbringen. Ich habe Angst, daß ich tief drinnen in mir selbst nichts bin und daß Du das siehst und mich abweisen wirst. So spiele ich mein verzweifeltes Spiel: eine sichere Fassade außen und ein zitterndes Kind innen. Ich rede daher im gängigen Ton oberflächlichen Geschwätzes. Ich erzähle Dir alles, das in Wirklichkeit nichtssagend ist und nichts von alledem, was wirklich ist, was in mir schreit. Deshalb laß Dich nicht täuschen von dem, was ich aus Gewohnheit daherrede. Höre sorgfältig hin und versuche zu hören, was ich nicht sage, – was ich gerne sagen möchte, was ich um des Überlebens willen rede und was ich nicht sagen kann.

Ich hasse Versteckspielen. Ehrlich! Ich verabscheue dieses oberflächliche Spiel, das ich da aufführe – ein unechtes Spiel. Ich möchte wirklich echt und spontan sein können – einfach ich selbst, aber Du mußt mir helfen. Du mußt Deine Hand ausstrecken, selbst wenn es gerade das Letzte zu sein scheint, das ich mir wünsche. Jedesmal, wenn Du freundlich bist und mir Mut machst, wenn Du mich zu verstehen suchst, weil Du Dich wirklich um mich sorgst, bekommt mein Herz Flügel – sehr kleine, brüchige Schwingen –, aber Flügel. Dein Mitgefühl und die Kraft Deines Verstehens machen mich lebendig. Ich möchte, daß Du das weißt, wie wichtig Du für mich bist, wie sehr Du aus mir den Menschen machen kannst, der ich wirklich bin – wenn Du willst. – Ich wünschte, Du wolltest es. Du allein kannst die Wand niederreißen, hinter der ich mich ängstige. Du allein kannst mir die Maske abnehmen und mich aus meiner Schattenwelt befreien, aus Angst und Unsicherheit, aus meiner Einsamkeit. Übersieh mich nicht – bitte, übergeh' mich nicht!

Es wird nicht leicht für Dich sein. Die lang andauernde Überzeugung, wertlos zu sein, schafft dicke Schutzmauern. Je näher Du mir kommst, desto blinder schlage ich zurück. Ich wehre mich gegen das, wonach ich schreie. Meine Hoffnung liegt darin, daß Liebe stärker ist als jeder Schutzwall. Versuche, diese Mauern einzureißen, mit sicheren, behutsamen Händen – das Kind in mir ist verletzlich. Wer bin ich, fragst Du? Ich bin jemand, den Du sehr gut kennst. Ich bin jedermann, den Du triffst – jeder Mann und jede Frau, die Dir begegnen."

aus: Tobias Brocher, Von der Schwierigkeit zu lieben, MdM (Maßstäbe des Menschlichen) Bd. 8, Kreuz Verlag, Stuttgart/Berlin

Wer bin ich?

Das folgende Gedicht ist im Juli 1944 in Berlin entstanden. Dietrich Bonhoeffer, ein evangelischer Theologe, befand sich damals seit Monaten in der Haft der Gestapo. Er hat dieses Gedicht nach dem mißlungenen Attentat auf Hitler und damit angesichts des sicheren Todes geschrieben.

„Wer bin ich? Sie sagen mir oft,
ich träte aus meiner Zelle
gelassen und heiter und fest
wie ein Gutsherr aus seinem Schloß.

Wer bin ich? Sie sagen mir oft,
ich spräche mit meinen Bewachern
frei und freundlich und klar,
als hätte ich zu gebieten.

Wer bin ich? Sie sagen mir auch,
ich trüge die Tage des Unglücks
gleichmütig, lächelnd und stolz,
wie einer, der Siegen gewohnt ist.

Bin ich das wirklich,
was andere von mir sagen?
Oder bin ich nur das,
was ich selbst von mir weiß?
Unruhig, sehnsüchtig, krank,
wie ein Vogel im Käfig,
ringend nach Lebensatem,
als würgte mir einer die Kehle,
hungernd nach Farben, nach Blumen,
nach Vogelstimmen,
dürstend nach guten Worten,
nach menschlicher Nähe,
zitternd vor Zorn über Willkür
und kleinlichste Kränkung,
umgetrieben vom Warten auf große
Dinge,
ohnmächtig bangend um Freunde
in endloser Ferne,
müde und leer zum Beten,
zum Denken,
zum Schaffen,
matt und bereit,
von allem Abschied zu nehmen?

Wer bin ich? Der oder jener?
Bin ich denn heute dieser
und morgen ein anderer?
Bin ich beides zugleich?
Vor Menschen ein Heuchler
und vor mir selbst
ein verächtlich wehleidiger
Schwächling?
Oder gleicht, was in mir noch ist,
dem geschlagenen Heer,
das in Unordnung weicht
vor schon gewonnenem Sieg?

Wer bin ich? Einsames Fragen
treibt
mit mir Spott.

Wer ich auch bin, Du kennst mich,
Dein bin ich, o Gott."

aus: Dietrich Bonhoeffer, Widerstand und Ergebung, Neuausgabe 1970, ^{2}1977, Chr. Kaiser Verlag, München

Fragen zum meditativen Nachdenken

Uns geht es ähnlich wie diesem jüdischen Mädchen oder dem unbekannten jungen Mann. Wir spielen die verschiedensten Rollen und tragen viele Masken. Aber wir sind bei diesem Versteckspiel vor andern und vor uns selbst nicht gerade glücklich.

Warum kann ich eigentlich nicht ganz ich selbst sein vor meinen Eltern, meinen Freunden, meinem Chef, meinen Arbeitskollegen, meinen Lehrern, meiner Gruppe, meiner Klasse . . .? Warum brauche ich Masken?

In welchen Situationen kann ich nicht so sein, wie ich bin? Wann setze ich Masken auf?

Wann fällt es mir leichter, meine Masken etwas abzulegen? Wer hilft mir dabei?

2. Übung: Wir fertigen Masken von uns an

Sehr positiv und nachhaltig wirkt auf junge Menschen das Anfertigen von Gesichtsmasken. Wir verwenden dazu Gipsbinden und benötigen zum Formen zeitlich nicht mehr als 45 Minuten.

Die Gipsbinden, die in jeder Apotheke erhältlich sind, werden in etwa 25 cm langen Streifen geschnitten. Eine Schale Wasser (auch Joghurtbecher genügen) soll zur Verfügung stehen. Derjenige, dem die Maske angefertigt wird, liegt am besten am Boden. Wo dies räumlich nicht möglich ist, sitzt er – ganz nach hinten gelehnt – auf einem Stuhl, der Kopf ist mit einer Decke oder einem Kissen gestützt. Hals und Kleidung werden mit einem Handtuch abgedeckt. Das Gesicht wird nun gut mit einer dicken Schicht Hautcreme überzogen. Dabei sind vor allem Augenbrauen, Wimpern und Bärte zu berücksichtigen. Haare werden mit einem Tuch (alte Strumpfhosen eignen sich dafür auch sehr!) zurückgebunden, so daß die Stirn frei ist. Der erste Streifen wird ziemlich angefeuchtet, auf die Stirn gelegt und dem Gesicht angepaßt. Dann folgt der nächste Streifen: feucht machen, genau anlegen, anpassen. Zu beachten ist, daß die Nasenlöcherpartie möglichst frei bleibt, damit die Atmung gut möglich ist. Je nach Qualität der Binden genügt eine Schicht, bei den einfacheren ist eine doppelte Schicht zu empfehlen. Außerdem sollte der entfallene Gips verwendet werden (mit etwas Wasser als Gipsbrei gleichmäßig auftragen!). Erst wenn der Gips hart geworden ist, kann die Maske vorsichtig abgenommen werden. Damit nicht zu lange gewartet werden muß, helfen wir mit dem Fön nach.

Der Leiter sollte dafür sorgen, daß zuvor genau informiert wird über das, was geschieht: Für denjenigen, der die Binden aufgelegt bekommt, wird es dunkel, Gips ist naß und kalt, Augen sind geschlossen, man kann immer atmen, Gesicht ruhig halten, nicht lachen.

Sehr wichtig ist, daß bei diesem meditativen Tun möglichst wenig gesprochen wird. Für Einkehr- und Religionstage ist dies eine sehr empfehlenswerte Abendgestaltung.

Beim Bemalen geht es dann nicht darum, eine sehr „schöne" Maske herzustellen. Entscheidend dabei ist, daß jeder seine eigene Verfaßtheit und Stimmung zum Ausdruck bringen kann. Zum Technischen: Maske muß ganz trocken sein, alle kräftigen Deck- und Plakatfarben sind zu verwenden!

In einem abschließenden Gespräch werden die intensiven Erfahrungen, die beim Gestalten der Gesichtsmaske gemacht wurden, ausgetauscht. Wenn die eigene Maske vor einem liegt, gelingt dies meist besser.

Selbsterfahrungen beim Masken-Machen

Gesprächsprotokoll von 16jährigen

In zwei Religionsstunden stellten wir Masken von uns selbst her. Je drei arbeiteten zusammen. Einem davon wurde die Maske geformt, die beiden anderen versuchten, möglichst wahrheitsgetreu mit Hilfe von Gips einen schönen Abdruck von dessen Gesicht herzustellen. Je nach Aufgabe machten wir verschiedene Erfahrungen.

– Ich wollte eine Maske von mir haben und stellte mich darum zur Verfügung. Dabei hatte ich ziemlich gemischte Gefühle. Einerseits war ich neugierig, andererseits unsicher und irgendwie sogar ängstlich. So „gespalten“ erlebe ich mich öfters.

– Zunächst erschrak ich, als die kalte Gipsbinde auf mein Gesicht gelegt wurde. Sie war unangenehm kühl, naß und glitschig. Aber das vorsichtige Umgehen der anderen beruhigte sehr schnell. Auch wenn meine Haut nicht mehr berührt wurde, so spürte ich doch das sanfte Streichen und Glätten recht deutlich. Bald wirkte darum alles wie eine gute Gesichtsmassage. Ich konnte mich entspannen und loslassen.

– Ich habe ziemlich intensiv erfahren, wie mich eine Maske einengt. Meine Augen waren verdeckt. So konnte ich die Außenwelt nur hören und das Tun um mich herum nur erahnen und erraten. Selbst meine Stimme wirkte anders, verzerrt, undeutlich, nicht wirklich. Ich hatte auch Angst, keine Luft mehr zu bekommen. Mir war wie in einer Halbnarkose zumute.

– Es ist eigen, so ganz ruhig fast zwanzig Minuten unter der Maske zu liegen. Ich darf mich nicht bewegen, kann meine Stirn nicht runzeln, darf kaum mein Gesicht verziehen, darf nicht lachen. Sonst gibt es ja keinen guten und schönen Abdruck. Ich hielt auch gern meinen Mund, denn der Gipsgeschmack ist nicht gerade verlockend.

– Ich habe bei dem Masken-Machen erfahren, was es heißen muß, blind zu sein. Ich fühlte mich abhängig, isoliert, sogar verlassen. Wie sehe ich jetzt aus? Wie schauen mich die anderen an? So komisch es klingt, aber ich war froh und dankbar, daß der Zustand des Blindseins nur kurz war. Ich habe allerdings auch an mir erlebt, daß ich mich fast automatisch auf das Hören konzentrierte und viel intensiver als sonst auf andere Zeichen achten konnte.

– Während des Formens hatte ich das Gefühl, die Maske bleibe mir im Gesicht. Wie angewachsen! Und ich erlebte die Maske mit der Zeit positiv, als eine Art Schutz. Niemand sieht mich, ich brauche auf niemanden eingehen, jeder läßt mich in Ruhe. Unter der Maske kann ich so sein, wie ich will. Ob es nur die Angst war, daß mir das Ablösen der Maske weh tun könnte? Jedenfalls hatte ich den Wunsch, die Maske noch länger aufzubehalten.

– Ich war froh, als endlich jemand das befreiende „Fertig!“ sprach. Ganz vorsichtig lösten wir den erstarrten Gips von meiner Haut. Mein Gesicht spannte, meine Augen brannten ziemlich. Da ich komisch ausschauen mußte, verschwand ich schnell, um mich zu waschen und zu richten. Neugierig schaute ich dann meine Maske an. Sie war gut gelungen und ich erkannte eigentlich sofort die Züge von mir. Das bin ich also . . .

– Ich habe meiner Freundin die Maske geformt. Ich machte dabei die Erfahrung, daß es gar nicht so einfach ist, einem anderen die Maske aufzusetzen. Zunächst muß man, ob man will oder nicht, ihr Gesicht entstellen, ihr auch wehtun. Irgendwie war ich betroffen, wie schnell eine Maske verdeckt, versteckt und entstellt.

– Ich glaube, ich habe mich noch nie so intensiv mit meiner Freundin auseinandergesetzt wie bei diesem Masken-Formen. Sehr vorsichtig strich ich über die Gipsbinden und meditierte dabei ihr Gesicht. Ich glaubte, ihre Züge wären mir vertraut, aber von der Maske her wirkte sie so ganz anders. Kenne ich sie eigentlich? Wie schaut sie wohl unter der Maske jetzt aus? Ich nahm mir vor, mit ihr bald über meine Erfahrungen zu reden.

– Obwohl wir sehr wenig miteinander sprachen, spürte ich eine starke Beziehung zwischen uns. Es war fast eine Art Zärtlichkeit. Jemandem, den ich nicht kenne oder der mir unsympathisch ist, würde ich eine Maske kaum so anformen wollen.

– Wie schwer es doch ist, eine Maske anzulegen! Mir ging das auf, als wir miteinander versuchten, die trockene Maske vom Gesicht meiner Freundin abzunehmen. Es war mir, als ob sie ein Stück von sich selbst hergeben müßte. Nur langsam konnte sie sich lösen. Und es tat weh. Die eigentliche „Arbeit“ hatte sie selbst zu leisten. Ich konnte ihr nur etwas nachhelfen, ihr Tun unterstützen.

3. Übung: Meditative Selbstreflexion

Unabhängig davon, ob mit der Gruppe Masken angefertigt wurden, bietet sich als neuer Schritt eine meditative Selbstreflexion an. Zwei verschieden-

farbige Blätter werden dazu ausgeteilt. Auf dem Blatt mit der einen Farbe steht „Ich setze eine Maske auf, wenn . . .“, auf dem anderen Blatt heißt es „Ich lege meine Maske ab, wenn . . .“ Jeder ergänzt nun mit vier oder fünf konkreten Situationen die beiden angefangenen Sätze. Nach etwa zwanzig Minuten können die Jugendlichen darüber in Zweier- oder Dreiergruppen ins Gespräch kommen. Das aber hängt ab von der Gruppenatmosphäre, der Teilnehmerzahl und den Beziehungen untereinander. Bei Schulklassen dürfte es sich oft günstiger auswirken, gleich anschließend die Blätter getrennt einzusammeln und sie in zwei Reihen oder zwei Kreisen im Raum aufzulegen oder an zwei Wänden aufzuhängen, so daß alle die Ergebnisse in Ruhe lesen können.

Ich setze eine Maske auf, wenn . . .

. . . ich merke, daß sich jemand über mich lustig macht;
. . . ich bei jemandem etwas erreichen will, z. B. bei meinen Eltern, meinem Chef, meinem Freund;
. . . ich das Gefühl habe, man akzeptiert mich nicht so, wie ich wirklich bin;
. . . ich mit jemandem rede, vor dem ich großen Respekt habe;
. . . ich mit Menschen zusammen bin, die ich gar nicht oder nicht gut genug kenne; Menschen, von denen ich nicht weiß, wie sie reagieren;
. . . ich zu jemandem freundlich sein soll, den ich nicht ausstehen kann;
. . . ich von meinen Eltern oder meiner Freundin zur Rede gestellt werde;
. . . ich Angst habe, mich zu blamieren;
. . . ich einen guten Eindruck hinterlassen will;
. . . ich mich angegriffen fühle, z. B. in der Schule oder von meinem Vater;
. . . von mir etwas verlangt wird, was ich nicht kann oder auch nicht will;
. . . ich in der Disco bin und mich übergangen fühle;
. . . ich mich über etwas ärgere;
. . . ich meiner Freundin, besonders einer „neuen“, imponieren will;
. . . ich auf der Straße, im Betrieb oder sonstwo Behinderten begegne;
. . . ich mich geniere, meine wahren Gefühle zu zeigen;
. . . ich anderen bei einer Meinung, die ich gar nicht vertrete, zustimme, weil ich Angst habe, ein Außenseiter zu werden;
. . . ich wie ein Kind behandelt werde; meist verschließe ich mich dann;
. . . ich auf Fehler aufmerksam gemacht werde;
. . . ich den Eindruck habe, ausgenutzt zu werden;

. . . ich mich unsicher verhalte und nicht weiß, wie ich mich verhalten soll;
. . . ich mich von meinem Freund vernachlässigt oder unverstanden fühle;
. . . ich so sein will wie die anderen;
. . . ich Interesse heucheln muß (in der Schule, im Gespräch);
. . . ich entsetzt, enttäuscht oder traurig bin und es nicht zeigen darf oder kann (z. B. möchte ich bei schlechten Noten am liebsten weinen; noch schlimmer ist es, wenn mich jemand verletzt oder enttäuscht hat);
. . . ich so tue, als wüßte ich Bescheid, nur um mitreden zu können;
. . . ich die Weltgeschehnisse mit offenen Augen betrachten soll;
. . . ich bete und in der Kirche bin.

Ich glaube, ich trage immer eine Maske, vielleicht auch vor mir selbst; denn ich weiß gar nicht mehr, wie ich ohne Maske aussehe. Ich wechsle sie, wie ich sie gerade brauche und glaube, daß ich sie in dieser verdrehten Welt leider nie mehr ablegen kann.

Ich lege meine Maske ab, wenn . . .

. . . ich spüre, daß der andere die gleiche Meinung hat wie ich;
. . . ich aus Wut herumschreie und mich selbst nicht unter Kontrolle habe;
. . . ich mich über etwas herzlich freue;
. . . ich abends allein im Zimmer bin und über den Tag nachdenke;
. . . ich in einer größeren Gemeinschaft bin und nicht auffalle;
. . . sich die anderen auch so geben, wie sie normalerweise sind;
. . . ich mich bei jemandem geborgen fühle;
. . . ich erfahre, daß mich meine Freunde so annehmen, wie ich bin und mich auch nicht ständig ändern wollen;
. . . ich mich unbeobachtet fühle;
. . . ich mit Menschen zusammen bin, die ich schon länger kenne;
. . . ich mich meinem Hobby zuwende (z. B. Musik mache oder anhöre);
. . . ich tun kann, was mir gefällt;
. . . ich frei bin von Streß und Leistungsdruck;
. . . ich mich sicher fühle;
. . . ich in der freien Natur bin und sie genießen kann;
. . . ich beim Tanzen in der Disco bin;
. . . ich Ferien habe oder in Urlaub fahre;
. . . ich auf einer Party mal zuviel getrunken habe;
. . . ich meine Meinung offen und ehrlich sagen kann, ohne Nachteile erwarten zu müssen;

. . . ich merke, daß der andere auch mir gegenüber sehr offen ist;
. . . ich zu einem Menschen volles Vertrauen habe;
. . . ich mit meiner Freundin allein bin;
. . . ich keine Nerven mehr habe, um mich zu beherrschen;
. . . ich ziemlich krank bin;
. . . ich merke, daß mich der andere versteht;
. . . ich weiß, daß der andere über anvertraute Geheimnisse schweigen kann;
. . . ich glaube, daß mich der andere mag und gern hat.

4. Übung: Selbstgespräch eines Maskierten

Ist eine Gruppe sprachlich einigermaßen begabt und interessiert, dann kann die Anregung gut ankommen, die Masken-Erfahrungen zu einem „Selbstgespräch eines Maskierten" zusammenzutragen. Anschließend soll dies dann vorgetragen und gespielt werden.

Wo eine Gruppe überfordert ist bzw. nicht gern selbst formuliert, kann der Leiter die Erfahrungen zusammenstellen. Oft ist ein Vorschlag eine große Hilfe und auch ein Anreiz zum Ergänzen und Umändern. Beim Spielen sollten jedenfalls die selbstgemachten Masken mit einbezogen werden.

Selbstgespräch eines „Maskierten"

Seit wann ich eine Maske trage? Genau kann ich es eigentlich nicht sagen; jedenfalls schon lange; ich vermute, seit ich angefangen habe, bewußt zu leben. Ich habe inzwischen gemerkt, daß mir das Masketragen bereits Gewohnheit ist.

Überhaupt, man kommt ja gar nicht umhin, sich eine Maske anzulegen! Da ist es einem z.B. zum Heulen zumute – geht nicht, weil man darüber doch nicht weint. Wäre ja sentimental! Ein andermal könnte ich zerspringen vor Lachen, aber es schickt sich nicht, wäre kindisch und unpassend! Oder ich möchte meinem Vater vor Wut eine runterschlagen, stattdessen lege ich höflich mein Gesicht in Falten. Ich warte ja auf eine

Erlaubnis. Dann wieder bin ich zuvorkommend und nett zu meinem Chef (Lehrer), den ich liebend gerne auf den Mond schießen möchte. Aber das könnte doch Nachteile bringen! Oder ich würde zwischendurch ohne weiteres in einem Streit nachgeben, einfach so, aber ich bin es meiner Stellung in der Gruppe schuldig, „das Gesicht zu wahren".

Im großen und ganzen ist es einfach besser, eine Maske zu haben, hinter der man sich verstecken kann. Da kommt einem der andere nicht so schnell dahinter, wie unsicher man oft ist. Und wenn ich mir immer anmerken ließe, wie ich wirklich denke und wie es mir wirklich gerade zumute ist, dann könnte ich mich kaum halten. Wie schnell wäre man blamiert! Wenn ich mich nicht verstecken könnte – einfach gräßlich. Ich wäre ja jedem ausgeliefert.

Und noch einen Vorteil hat die Maske: Man kann sie schnell wechseln. Wenn die eine Maske nicht paßt, setze ich eben die andere auf. Ich kann mir schön zurechtlegen, wie ich wirken will, kann die einzelnen Reaktionen der Leute gut mitberechnen und komme bei anderen dann viel besser an.

Wie gesagt, das mit dem eigenen Gesicht ist viel zu riskant. Es ist auch zu anstrengend, pausenlos zur Wahrhaftigkeit verpflichtet zu sein. Da trag ich lieber Masken!!!

oder:

Bitte höre auch, was ich kaum zugeben kann, was ich nicht so gerne anderen sage! Laß Dich nicht durch mein Gerede täuschen, durch meine Maske narren! Ich habe einfach große Angst, meine Maske abzulegen. Ich habe Angst, daß mich der andere nicht so annimmt, wie ich bin. Ich habe Angst, unangenehm aufzufallen und vielleicht abgewiesen zu werden. Ich wage es kaum, anderen zu vertrauen, weil ich zuviele kenne, die enttäuscht wurden. Ich habe Angst, daß ich tief drinnen in mir selbst nichts bin und andere dies sehen. So spiele ich ein verzweifeltes Versteckspiel vor mir und anderen.

Ehrlich! Ich verabscheue dieses oberflächliche Maskenspiel, das ich da aufführe. Ich möchte wirklich echt und spontan sein können – einfach ich selbst. Aber ich kann das nicht allein. Ich brauche dazu Menschen, die mich so annehmen, wie ich bin; die mich nicht erpressen und ausnutzen; die mich verstehen mit all meiner Angst und Unsicherheit; die mir helfen, daß ich so sein kann, wie ich wirklich sein möchte: ich selbst.

5. Übung: Wir illustrieren einen Psalm

Jeder erhält einen abgezogenen Text von Psalm 139 (etwas verkürzt; Übersetzung von den Dominikanern in Walperberg). Langsam wird er vorgelesen. Bei ruhiger, leiser Musik liest jeder noch einmal den Psalm im Zusammenhang durch und versucht, eine Beziehung zum Thema „Masken" herzustellen. In Gruppenarbeit wird anschließend der Text vertieft; für die einzelnen Verse werden passende Dias bzw. Bilder ausgesucht. Wichtig ist dabei eine Beschränkung auf 6 bis 7 Dias. Wird mit Bildern gearbeitet, so sollten die ausgewählten Bilder auf ein großes Plakat aufgeklebt werden. Nach etwa 40 Minuten kommen die Gruppen zusammen und laden sich gegenseitig ein zur Darstellung ihres durchmeditierten, illustrierten Psalms.

Für diese Übung sind die Dia-Sammlung „Probleme des Menschen" bzw. „Symbol-Fotos" aus dem Don Bosco Verlag sehr geeignet und auch sehr zu empfehlen!

Psalm 139 (etwas gekürzt)

Herr, du durchschaust mich und kennst mich,
was ich auch tun mag, du weißt es,
meine Gedanken liegen offen vor dir.
Ich mag gehen oder ruhen, du weißt es,
du bist vertraut mit all meinen Wegen.
Kein Wort gibt es auf meiner Zunge,
das du, Herr, nicht ganz genau kennst.
Von allen Seiten umfängst du mich
und legst auf mich deine Hand.
Unergründlich ist dieses Geheimnis,
unfaßbar, ich begreife es nicht.
Wohin könnte ich gehen, deinem Geist zu entkommen?

Wo mich deiner Nähe entziehen?
Könnt' ich fliehen in die Weite des Alls – du bist dort,
verberge ich mich in der äußersten Tiefe – auch dort bist du.
Flüchte ich mich bis ans Ende der Welt –
selbst da noch führt mich deine Hand
und leitet mich deine Rechte.
Rief ich die Nacht herbei,
ließe Dunkel statt Licht mich umgeben –
für dich ist die Finsternis hell,
und die Nacht leuchtet auf wie der Tag.
Du hast mein Herz gebildet,
mich geformt im Leib der Mutter.
Ich danke dir, daß ich so wunderbar geschaffen bin,
staunenswert ist dein Wirken.
Du kennst meine Seele bis auf den Grund,
nichts ist dir verborgen.
Deine Augen sahen mein Werden,
meine Tage hast du im voraus bestimmt.
Gott, wie tief sind deine Gedanken,
unermeßlich ist ihre Fülle!
Durchforsche mich, Gott, und durchschaue mein Herz,
prüfe meine Gesinnung!
Und schau, ob ich auf einem Irrweg bin:
Dann führ mich zurück auf deinen ewigen Weg.

6. Übung: Kreative Schriftmeditation

Bei dieser gemeinsamen meditativen Übung spielt es keine besondere Rolle, wie groß die Gruppe ist. Auch in einer Schulklasse kann diese Meditation ohne weiteres durchgeführt werden.

Jedem sollten dazu drei verschiedenfarbige Filzstifte und R. P. Litzenburgers Grafik „Jesus und die Sünderin" zur Verfügung stehen. Das Bild wird in die Mitte eines Blattes geklebt, das so groß ist, daß nach beiden Seiten noch genügend Raum zum Schreiben bleibt. Langsam wird der Schrifttext von Lk 7,36–50 vorgelesen. Dann vertieft sich jeder einige

Minuten in das Bild. Anschließend beginnt der Leiter etwa so zu erzählen: Jesus geht ins Haus. Er ist eingeladen zum Gastmahl. Simon, der Pharisäer, wartet auf ihn . . . Nun kann sich jeder dazu äußern, welche Merkmale ihm zu „Pharisäer" einfallen. Die Äußerungen, die der einzelne für wichtig hält, schreibt er mit einer Farbe auf sein Blatt, ebenso die Reaktionen des Pharisäers auf Jesus und die Sünderin. Wichtig dabei ist, daß zwischen den Assoziationen der einzelnen genügend Zeit bleibt zum Aufschreiben. Wenn die Gestalt des Simon bzw. des Pharisäers genügend beschrieben wurde, malt jeder mit der entsprechenden Farbe die Figur an. Dabei spielt Musik.

Lk 7, 36–50: Die Begegnung Jesu mit der Sünderin

Das Lukasevangelium (Lk 7, 36–50) berichtet uns von einer Frau, die alle Masken vor Jesus ablegte, weil der Herr sie so annahm, wie sie war. Sie konnte neu, ganz neu beginnen.

Einmal war Jesus von einem Pharisäer eingeladen, bei ihm zu essen. Und er kam in das Haus und legte sich zu Tisch. In jener Stadt lebte eine Frau, die Dirne war. Als die sah, daß er bei dem Pharisäer speiste, brachte sie ein Glas mit Salbe, trat von hinten her zu seinen Füßen und weinte, netzte seine Füße mit ihren Tränen, wischte sie mit ihren Haaren ab, küßte sie und rieb sie mit Salbe ein. Als der Pharisäer das sah, machte er sich seine Gedanken: Wenn der ein Prophet wäre, wüßte er, was für eine Frau das ist, die ihn da anrührt, nämlich eine Dirne. Da wandte sich Jesus an ihn: Simon, ich habe dir etwas zu sagen. Er ging darauf ein: Meister, rede! Und Jesus sprach: Ein Geldverleiher hatte zwei Schuldner. Der eine war tausend Mark schuldig, der andere hundert. Als sie das Geld nicht zurückzahlen konnten, schenkte er es beiden. Wer von den beiden wird ihm dankbarer sein? Simon meinte: Ich vermute der, dem er mehr geschenkt hat. Du hast richtig geurteilt, antwortete Jesus, und zu der Frau gewendet, fuhr er fort: Siehst du diese Frau, Simon? Ich bin in dein Haus gekommen, und du hast mir kein Wasser für meine Füße gegeben. Sie aber hat sie mit Tränen genetzt und mit ihren Haaren getrocknet. Du hast mir keinen Kuß gegeben. Sie aber küßt, seit ich hier bin, unaufhörlich meine Füße. Du hast mir das Haupt nicht mit Öl gesalbt. Sie aber hat mir mit der viel kostbareren Salbe die Füße eingerieben. Daran wird eins deutlich, und das sage ich dir: Ihr sind viele Sünden vergeben, denn sie hat viel Liebe. Wer wenig Vergebung empfangen hat, hat auch wenig Liebe zu geben. Und er wandte sich an sie: Deine Sünden sollen dich nicht mehr von Gott trennen. Sie sind erlassen. Da redeten die übrigen Gäste miteinander und fragten sich: Wer ist das, der hier Sünden vergibt? Jesus aber fuhr fort: Dein Glaube hat dich gerettet. Geh. Du wirst Frieden finden.

Jesus:

Er folgt der Einladung des Pharisäers; läßt das Verhalten der Frau zu; stellt sich den Fragen; sucht mit beiden in Beziehung zu kommen; bringt zum Nachdenken; überläßt dem Simon die Antwort; läßt die Gesten der Liebe und Freundschaft zu; verschleiert oder verharmlost die Schuld nicht; befreit den, der für ihn offen ist; gibt Hoffnung und Kraft; tröstet und schützt; verhilft zu einem neuen Anfang; er redet offen und ehrlich.

Pharisäer:

Er legt großen Wert auf seinen guten Ruf; hält sich genau an die Vorschriften; ist in Amt und Würden; alles ist in Ordnung, o.k.; er ist moralisch tadellos; vorbildlich; korrekt; er pocht auf seine Rolle; trägt eine Maske; er kommt sich als etwas Besseres vor; hat ein festes Bild von anderen und damit Vorurteile; er zeigt keine Gefühle; wirkt hartherzig und verbissen, distanziert und kalt; er sucht Sündenböcke und verhält sich arrogant, mißtrauisch und überheblich; er wirkt sehr zuchtvoll, aber unbeweglich, starr, verschlossen; er hat keine Beziehung, bleibt bei sich, wirkt isoliert und allein.

Sünderin:

Sie ist eine Frau mit Vergangenheit; moralisch verrufen; als Dirne bekannt; asozial; sie hält sich an keine Vorschriften; sie sucht Beziehung und läßt sich nicht so schnell vertreiben; sie kann nichts verlieren; sie weiß sich angenommen und legt ihre Masken ab; sie hat starke Gefühle und zeigt sie in Zeichen; sie wirft sich zu Füßen, ist verschwenderisch, löst ihr Haar, liefert sich aus; sie ist zärtlich und gibt nicht so schnell auf; sie ist echt demütig und läßt sich etwas schenken; sie erfährt Trost und Verständnis; sie fängt neu an.

Geh! Du wirst Frieden finden!

Roland Peter Litzenburger, 7778 Markdorf/Bodensee

7. Übung: Pantomime

Angeregt durch die Schriftmeditation schlug eine Gruppe vor, die Perikope „Jesus und die Sünderin“ pantomimisch zu gestalten und anstelle einer Predigt in den Schulgottesdienst einzubauen. Wir waren alle von dieser meditativen Bibelauslegung sehr beeindruckt.

Mehrere saßen im Kreis am Boden und trugen ihre Masken vor dem Gesicht. Jesus trat ohne Maske in den Kreis, wurde von Simon begrüßt und nahm Platz. Der Gastgeber nahm nur kurz seine Maske ab, die anderen rückten etwas zurück. Dann kam die Sünderin. Auch sie war maskiert. Die Gäste nahmen ihre Masken ruckartig vom Gesicht, zeigten mit dem Finger auf die Frau, steckten ihre Köpfe zusammen, schüttelten sie dann intensiv und setzten ihre Masken wieder auf. Die Sünderin warf sich Jesus zu Füßen, legte ihre Maske vor ihm nieder und löste ihr zusammengebundenes Haar. Jesus trat zu Simon, nahm ihm vorsichtig die Maske ab und deutete auf die Frau. Der Pharisäer schaute sie mißmutig an, griff nach seiner Maske und setzte sie wieder auf. Jesus wandte sich traurig ab, hob die Sünderin auf, legte die Hand auf ihre Schulter und schaute ihr nach, als sie langsam (ohne Maske!) wegging. Die Gäste und Simon verließen maskiert den Platz. Die Maske der Sünderin lag noch am Boden. Jesus hob sie auf und legte sie dann auf den Altar.

Nach der Pantomime trugen die „Spieler“ ihre Fürbitten vor.

Fürbitten

Vater im Himmel! Von Deinem Sohn wissen wir, daß Du uns kennst, bis in unser Innerstes hinein; daß Du uns liebend annimmst, so wie wir sind; daß wir vor Dir ohne Masken bestehen können. Darum kommen wir zu Dir mit unseren Bitten:

Sende uns Deinen Geist, daß unsere Kirche der Ort sein kann, wo Menschen keine Masken brauchen.

Laß uns Menschen begegnen, die uns helfen, unser Versteckspiel hinter Masken ein Stück weit aufzugeben.

Nimm unsere Angst vor uns selbst und schenk uns Vertrauen zu Dir, zu anderen und zu uns selbst.

Laß all die Menschen, die sich selbst betrügen, indem sie auch vor sich ihre Masken nicht ablegen, erfahren, daß so ihr Leben nicht gelingen kann.

Laß uns zu Menschen werden, denen man vertrauen kann und vor denen andere es wagen, ihre Masken abzulegen.

Gib uns Deine Kraft, daß wir unsere Masken etwas lüften und neu anfangen bei uns selbst, in unserer Freundschaft, in unserer Familie, in der Gruppe, in der Schule, im Betrieb, in der Gemeinde . . .

Gib uns Verständnis und Geduld für all diejenigen, die sich schwertun, ihre Masken abzulegen.

Du, Gott der Liebe, weißt um unsere Sehnsucht, um unsere Ängste, um unsere Wünsche und um unser Bemühen. Sei Du mit uns und schenk uns immer wieder neuen Mut und neue Hoffnung, damit wir so werden können, wie Du uns haben willst. – Amen.

2. Thema:

GANZ OHR

1. Übung: Und die Moral von der Geschicht'?

Die nachfolgende Erzählung von dem Indianer und dem Weißen wird langsam vorgelesen, aber beim letzten Satz „Der Grund liegt darin . . .“ abgebrochen. Wir denken nach, was uns (mir) persönlich diese Geschichte sagen kann und worin der Indianer wohl das einseitige Hören begründet sieht. Wenn dabei jeder den Text vor sich hat, fällt erfahrungsgemäß das meditative Nachdenken leichter. Auf ein postkartengroßes Blatt schreibt dann jeder die vermutete Begründung des Indianers und nach etwa zehn Minuten liest er seine Ergänzung langsam vor (freiwillig!) und heftet sie an die Wand bzw. Tafel. Kurze Pausen sind angebracht. Die „offizielle“ Begründung, „daß wir alle stets das gut hören, worauf wir zu achten gewohnt sind“, wird erst am Schluß gegeben. Die Ergänzung, die dem einzelnen am meisten zusagt, schreibt anschließend jeder auf das Blatt mit der Geschichte. Am Schluß lassen wir uns nochmals von der Aussage des Indianers treffen, indem wir in Stille die Erzählung zusammenhängend lesen.

Das Geräusch der Grille

Eines Tages verließ ein Indianer die Reservation und besuchte einen weißen Mann, mit dem er befreundet war.

In einer großen Stadt zu sein – mit all dem Lärm, den Autos und den vielen Menschen, die es alle so sehr eilig haben, war neuartig und recht verwirrend für den Indianer.

Der rote und der weiße Mann gingen die Straße entlang, als plötzlich der Indianer seinem Freund auf die Schulter tippte und sagte: „Bleib doch einmal stehen. Hörst du auch, was ich höre?“

Der weiße Mann antwortete: „Alles, was ich höre, ist das Hupen der

Autos und das Rattern der Omnibusse. Und dann freilich auch die Stimmen und das Geräusch der Schritte vieler Menschen. Was ist es denn, was dir besonders aufgefallen ist?"

„Nichts von alledem, aber ganz in der Nähe höre ich eine Grille zirpen."

Der weiße Mann horchte. Dann schüttelte er den Kopf. „Du mußt dich täuschen, Freund", sagte er, „hier gibt es keine Grillen. Und selbst, wenn es hier irgendwo eine Grille gäbe, würde man doch ihr Zirpen bei dem Lärm nicht hören können."

Der Indianer ging ein paar Schritte. Vor einer Hauswand blieb er stehen. Wilder Wein rankte an der Mauer. Er schob die Blätter auseinander und da – sehr zum Erstaunen des weißen Mannes – saß tatsächlich eine Grille, die laut zirpte. Nun, da der weiße Mann die Grille sehen konnte, nahm er auch das Geräusch wahr, das sie von sich gab.

Als die beiden Männer weitergegangen waren, sagte der Weiße nach einer Weile: „Freilich hast du die Grille hören können. Dein Gehör ist besser geschult als meines. Indianer hören eben einfach besser als Weiße." Der Indianer lächelte, schüttelte den Kopf und erwiderte: „Du täuschst dich, mein Freund. Das Gehör eines Indianers ist nicht besser und nicht schlechter als das eines weißen Mannes. Paß auf, ich will es dir beweisen." Er griff in die Tasche, holte ein 50-Cent-Stück heraus und warf es auf das Pflaster.

Es klimperte auf dem Asphalt, und die Leute, die mehrere Meter von dem weißen und dem roten Mann entfernt gingen, wurden auf das Geräusch aufmerksam und sahen sich um. Endlich hob einer von ihnen das Geldstück auf, steckte es ein und ging weiter.

„Siehst du", sagte der Indianer, „das Geräusch, das das 50-Cent-Stück gemacht hat, war nicht lauter als das der Grille, und doch hörten es viele der weißen Frauen und Männer und drehten sich um, während das Geräusch der Grille niemand hörte außer mir. Es stimmt nicht, daß das Gehör der Indianer besser ist als das der weißen Männer. Der Grund liegt darin, . . . *daß wir alle stets das gut hören können, worauf wir zu achten gewohnt sind.*"

aus: Frederik Hetmann, Kindergeschichten der Indianer, © Fischer Taschenbuch Verlag GmbH, Frankfurt/M. 1979

Der Grund liegt darin, daß . . .

. . . jeder nur die Dinge beachtet, an die er gewöhnt ist;

. . . wir viel zu sehr auf Geld und Reichtum Wert legen, aber wenig für das wahre Glück übrig haben;

. . . die weißen Menschen nur das hören, was sie hören wollen, was für sie wichtig ist, was ihnen Nutzen bringt. Das Zirpen der Grille interessiert sie nicht;

. . . ihr Weißen es verlernt habt, auf die Natur zu lauschen. Für euch gibt es nur noch Geldklimpern, Motorenlärm und ohrenbetäubende Musik;

. . . ihr taub seid für die scheinbar „unwichtigen" Geräusche;

. . . die Menschen in den Industrieländern der Natur gegenüber total abgestumpft sind und nur noch Geld, Leistung, Erfolg, materielle Werte zählen;

. . . ihr Weißen viel zu unachtsam für das Schöne geworden seid. Ihr seid süchtig nach dem „Großen" und habt keinen Sinn mehr für das Kleine: eine Wiesenblume, ein Lied, ein Tautropfen, Vogelgezwitscher;

. . . das richtige Hören nicht mit einem organisch gesunden Ohr zusammenhängt. Fast könnte man es mit dem Geheimnis vergleichen, das der Fuchs dem „Kleinen Prinzen" anvertraut: „Man hört nur mit dem Herzen gut. Das Wesentliche ist für die Ohren nicht hörbar!"

. . . *wir alle stets das gut hören, worauf wir zu achten gewohnt sind.*

2. Übung: Geräusche erkennen

Für diese Übung sind Geräusche verschiedenster Art auf eine Kassette aufzunehmen (Audio-Camera mit Stereo-Sondereffekten ist käuflich zu erwerben!): Motorengeräusch; Läuten eines Weckers oder eines Telefons; einige Tierstimmen; Anklingen einer Saite; Regentropfen; Windrauschen; Schritte (ob jemand kommt oder geht); Türöffnen . . . Die Reihenfolge kann je nach Ziel verschieden sein:

a) Geräusche, die ein immer feineres Wahrnehmen verlangen; intensive

Konzentration wirkt aber eventuell auch frustrierend, wenn die Geräusche nicht mehr erkannt werden;

b) Wechsel von schwieriger und leichter erratbaren Geräuschen;

c) Beschränken auf einen Bereich von Geräuschen, z. B. Wasser (verschiedene Nuancen des Regens, Gebirgsbach, Wasserhahn, Eingießen in ein leeres bzw. halbvolles Gefäß, mit einem Halm im Wasser blasen, Stein ins Wasser werfen . . .).

Einige einleitende Entspannungsübungen verstärken das „Hörenkönnen". Mit geschlossenen Augen konzentrieren wir uns auf das Geräusch, lassen es dann eine Minute nachklingen und öffnen auf ein Zeichen die Augen, um das betreffende Geräusch jeweils aufzuschreiben. Mehr als zehn Geräusche sollten nicht ausgewählt werden, weil ansonsten die Konzentrationsfähigkeit überfordert wird. Die Ergebnisse werden anschließend mit Hilfe der Kassette verglichen, bestätigt oder korrigiert. In einem auswertenden Gespräch sind noch Fragen anzusprechen wie: Welches Geräusch erkennen wir ziemlich eindeutig? Welches Geräusch ist von uns schwierig zu bestimmen? Warum? Wie geht es uns beim Hinhören?

3. Übung: Niemand hört zu

Wir lesen zunächst die Satire von E. Kishon, vielleicht ein zweites Mal mit verteilten Rollen. Etwa fünf Minuten lang versucht jeder, sich den beiden Fragen zu stellen:

Wem höre ich *kaum zu bzw. was überhöre ich gern?*
Wie erlebe ich mich, wenn ich das Gefühl habe, daß mir der andere nicht zuhört?

Die verschiedenen Situationen werden in Stille skizziert und anschließend in Dreiergruppen reflektiert.

Je nach Zusammensetzung der Gruppen kommt der Vorschlag gut an, eine allen bekannte Situation eines mißglückten Gespräches auszuwählen und entsprechend Kishons Satire „Niemand hört zu" (aus: Kishon, Kein Öl, Moses?, München ^{8}1981) ein Gesprächsprotokoll zusammenzustellen.

Ich höre gern und recht genau ...

... wenn mich jemand lobt oder aufmuntert;
... wenn mir erlaubt wird, abends länger auszubleiben;
... daß ich eine gute Note geschrieben habe;
... im Radio die Ansage, daß Samstag oder Sonntag ist;
... wenn die Schulglocke mittags läutet;
... wenn ich jemanden erwarte; z.B. höre ich das Geräusch des Motorrads von meinem Freund ganz genau;
... wenn mich jemand, den ich gern habe, um etwas bittet;
... wenn mein Vater von Taschengelderhöhung spricht;
... Lieder und Schlager, die mir gefallen;
... die Stimme meiner Freundin;
... wenn im Sommer am Morgen oder Abend die Vögel vor meinem Fenster zwitschern;
... Disco-Musik, laut und leise, je nachdem, wie ich aufgelegt bin;
... all das, was mir gefällt, z.B. erfreuliche Nachrichten, Urlaubspläne, Kinderstimmen, ein Lob, entspannende Musik, Motorräder, Einladungen;
... jemandem zu, wenn es interessant oder beglückend für mich ist;
... wenn mir jemand sagt, daß er mich mag;
... wenn jemand einen netten Witz macht;
... wenn ich auf etwas Schönes warte;
... das Wort „Freizeit“ und das Wort „Ferien“;
... wenn der Briefträger oder meine Mutter mir Post ankündigt;
... wenn ich etwas Liebes zu hören bekomme;
... wenn ich Zeit habe;
... wenn ich mich auf den anderen einstelle;
... wenn mir jemand, der mir sympathisch ist, Komplimente macht.

Ich überhöre gern ...

Mir geht es oft so, daß ich jemandem überhaupt nicht zuhöre. Entweder mich interessiert nicht, was der andere sagt, oder ich bin mit meinen eigenen Gedanken beschäftigt. Um nicht unfreundlich zu sein, schaue ich meinen Gesprächspartner meist an, lächle manchmal unverbindlich und nicke mit dem Kopf.

Ich höre eigentlich alles sehr oberflächlich und habe auch oft keine Zeit, mich intensiver mit etwas zu beschäftigen. Ich habe ziemlich viele Probleme und glaube, die Probleme des anderen sind nicht so groß. Manchmal habe ich auch einfach keine Lust, dem anderen zuzuhören. Wenn ich irgendwo Glück hatte, freue ich mich und achte dabei nicht auf den Mißerfolg oder die Sorgen des anderen; ich möchte mir dann meine gute Laune nicht verderben lassen.

Wenn ich abgelenkt werde oder mit mir selbst beschäftigt bin, dann fällt mir das Zuhören schwer. Ich bin auch dann ein schlechter Zuhörer, wenn ich den anderen nicht ausstehen kann. Recht gern überhöre ich die Aufgaben, die mir meine Mutter erteilt.

Ich habe Schwierigkeiten, dem anderen zuzuhören, wenn ich gerade auf etwas warte, ungeduldig bin oder unter Zeitdruck stehe. Wenn ich traurig und depressiv gestimmt bin, oder wenn ich mich auf Musik konzentrieren möchte, kann und will ich nicht zuhören. Ich reagiere sogar aggressiv, wenn mir jemand etwas erzählen will, und ich körperlich müde und schlaff bin oder eigene Probleme habe, die mich gerade belasten.

Wenn ich gerade wütend auf jemand bin oder verletzt wurde, dann höre ich kaum auf den anderen. Ich schalte auch ab, wenn andere recht haben, ich es aber nicht einsehen will.

Ich überhöre gern den Wecker oder das „Aufstehen" am Morgen; Anordnungen, von denen ich nicht überzeugt bin; politische Reden und fromme Predigten; Nörgeleien, Kritik und Tadel.

Wenn sich meine Eltern über die Lautstärke meiner Musik aufregen, höre ich nicht hin. Ich überhöre auch zu gern die Uhrzeit, wann ich abends daheim sein muß; die Bitte, endlich mal wieder zum Friseur zu gehen; die Aufforderung, für die Prüfung zu lernen.

Es sind einfach zuviel Worte und Geräusche auf einmal, die ich aufnehmen sollte. Alle scheinen wichtig, ja sogar lebenswichtig zu sein. Dabei sind sie doch oft so nebensächlich und nichtig. Alle fordern mich auf, alles zu lernen und wahrzunehmen. Aber ich will einfach nicht. Ich schalte dann ab. In meinem Innern erlebe ich eine andere Welt, und die ist für mich wie ein Rettungsring.

4. Übung: Wir bauen den „Turm von Babel“

Der biblische Bericht vom Turmbau zu Babel wird vorgelesen oder erzählt und kurz erklärt: es handelt sich hier um eine Sündenfallgeschichte und damit um einen Erklärungsversuch für die Existenz von Unheil und Schuld in dieser Welt. Warum leben Menschen in der Zerstreuung? Warum sprechen sie andere Sprachen? Warum verstehen wir einander nicht mehr?

Zunächst beschäftigen wir uns mit den drei Fragen:
a) Was hindert uns (mehr allgemein) am richtigen Hören und Verstehen?
b) Welche Störungen und Konsequenzen ergeben sich, wenn wir nicht mehr oder nur halb auf den anderen hören?
c) Welche leidvollen Erfahrungen habe ich selbst schon gemacht?

Dann holt sich jeder von bereits vorbereiteten rechteckigen Papierstücken (drei Farben, z. B. grün, rot, gelb) von jeder Farbe je drei bis fünf „Steine“. Auf die Steine mit grüner Farbe notieren wir je einen Hinderungsgrund und kleben miteinander *die erste Schicht des Turmes. Gleiche Angaben spielen dabei keine Rolle. Auf die roten Blätter kommen die Fehlformen und negativen Konsequenzen; damit bauen wir den Turm zu Babel weiter auf. Die gelben Steine mit persönlichen leidvollen Erfahrungen bilden den Abschluß. Beim „Aufbauen“ sollte möglichst wenig gesprochen werden. Das anschließende Gespräch bietet aber die Möglichkeit, die gemachten Erfahrungen auszutauschen.*

„Turm zu Babel"

Gen 11, 1–9: Der Turmbau zu Babel

Alle Welt hatte nur eine Sprache und dieselben Laute. Als man vom Osten her aufbrach, fand man im Lande Sinear eine Ebene und wohnte daselbst. Sie sprachen zueinander: „Wohlan, laßt uns Ziegel streichen und sie hart brennen!" Und es diente ihnen der Ziegel als Stein, und das Erdpech diente ihnen als Mörtel. Dann riefen sie: „Auf! Laßt uns eine Stadt und einen Turm bauen, dessen Spitze bis in den Himmel reicht! Wir wollen uns einen Namen machen, damit wir nicht in alle Welt zerstreut werden." Der Herr aber fuhr herab, um sich die Stadt und den Turm, den sich die Menschen erbaut hatten, anzuschauen. Der Herr sprach: „Siehe, sie sind ein Volk, und nur eine Sprache haben sie alle; das ist aber erst der Anfang ihres Tuns. Nichts von dem, was sie vorhaben, wird ihnen unmöglich sein. Wohlan, laßt uns hinabsteigen! Wir wollen dort ihre Sprache verwirren, daß keiner mehr die Rede des anderen versteht!" Und der Herr zerstreute sie von da aus über die ganze Erde hin; sie hörten mit dem Städtebau auf. Darum heißt die Stadt „Babel"; denn dort hat der Herr die Sprache der ganzen Welt verwirrt, und von da aus hat er sie über die ganze Erde hin zerstreut.

5. Übung: Momo und ihre ungewöhnliche Eigenschaft

Nach einer kurzen Einführung in den Märchen-Roman lesen wir gemeinsam den Auszug von Momos ungewöhnlicher Fähigkeit und beschäftigen uns fünf bis zehn Minuten mit den nachfolgenden Fragen. Meditative Musik erleichtert das Abschalten und Konzentrieren oftmals.

In Kleingruppen wird dann zum Text eine Art Fotosequenz zusammengestellt. Folgende Schritte sind dazu notwendig:

> *Der Text wird in etwa fünf Abschnitte zerlegt und dazu jeweils eine passende Überschrift gesucht, z.B.: Und je länger . . . Nichts von alledem. Überschrift: Nichts Ungewöhnliches!*
> *Was die kleine Momo . . . ganz und gar einmalig. Überschrift: Ganz Ohr! Die Überschriften werden auf DIN-A6-Karten geschrieben.*
>
> *Zu jeder Überschrift wählt die Gruppe nun ein Foto aus (Fotomaterial*

steht zur Verfügung!), das am besten den Sinn des Abschnitts wiedergibt. Auch Fotos mit Kontrasterfahrungen sind möglich.

Mit Hilfe der Karten und der Fotos gestaltet die Gruppe ein Plakat.

Nach etwa 45 Minuten kommen die Gruppen wieder zusammen und zeigen einander ihre Plakate. Gute Erfahrungen machten wir, wenn wir als Abschluß noch einige Minuten meditative Stille (mit Musik) vor einem der Plakate anboten.

Momo, die struppige kleine Heldin des gleichnamigen Märchen-Romans, kämpft allein gegen das riesige Heer der „grauen Herren“, die immer mehr Menschen veranlassen, Zeit zu sparen. Die Leute in der großen Stadt brauchen Momo, und sie wunderten sich, wie sie früher ohne sie ausgekommen waren.

... Und je länger das kleine Mädchen bei ihnen war, desto unentbehrlicher wurde es ihnen, so unentbehrlich, daß sie nur noch fürchteten, es könnte eines Tages wieder auf und davon gehen.

So kam es, daß Momo sehr viel Besuch hatte. Man sah fast immer jemand bei ihr sitzen, der angelegentlich mir ihr redete. Und wer sie brauchte und nicht kommen konnte, schickte nach ihr, um sie zu holen. Und wer noch nicht gemerkt hatte, daß er sie brauchte, zu dem sagten die andern: „Geh doch zu Momo!“

Dieser Satz wurde nach und nach zu einer feststehenden Redensart bei den Leuten der näheren Umgebung. So wie man sagt: „Alles Gute!“ oder „Gesegnete Mahlzeit!“ oder „Weiß der liebe Himmel!“, genauso sagte man also bei allen möglichen Gelegenheiten: „Geh doch zu Momo!“

Aber warum? War Momo vielleicht so unglaublich klug, daß sie jedem Menschen einen guten Rat geben konnte? Fand sie immer die richtigen Worte, wenn jemand Trost brauchte? Konnte sie weise und gerechte Urteile fällen?
Nein, das alles konnte Momo ebensowenig wie jedes andere Kind.

Konnte Momo dann vielleicht irgend etwas, das die Leute in gute Laune versetzte? Konnte sie zum Beispiel besonders schön singen? Oder konnte sie irgendein Instrument spielen? Oder konnte sie – weil sie doch in

einer Art Zirkus wohnte – am Ende gar tanzen oder akrobatische Kunststücke vorführen?
Nein, das war es auch nicht.

Konnte sie vielleicht zaubern? Wußte sie irgendeinen geheimnisvollen Spruch, mit dem man alle Sorgen und Nöte vertreiben konnte? Konnte sie aus der Hand lesen oder sonstwie die Zukunft voraussagen?
Nichts von alledem.

Was die kleine Momo konnte wie kein anderer, das war: Zuhören. Das ist doch nichts Besonderes, wird nun vielleicht mancher Leser sagen, zuhören kann doch jeder.

Aber das ist ein Irrtum. Wirklich zuhören können nur ganz wenige Menschen. Und so wie Momo sich aufs Zuhören verstand, war es ganz und gar einmalig.

Momo konnte so zuhören, daß dummen Leuten plötzlich sehr gescheite Gedanken kamen. Nicht etwa, weil sie etwas sagte oder fragte, was den anderen auf solche Gedanken brachte, nein, sie saß nur da und hörte einfach zu, mit aller Aufmerksamkeit und aller Anteilnahme. Dabei schaute sie den anderen mit ihren großen, dunklen Augen an, und der Betreffende fühlte, wie in ihm auf einmal Gedanken auftauchten, von denen er nie geahnt hatte, daß sie in ihm steckten.

Sie konnte so zuhören, daß rastlose oder unentschlossene Leute auf einmal ganz genau wußten, was sie wollten. Oder daß Schüchterne sich plötzlich frei und mutig fühlten. Oder daß Unglückliche und Bedrückte zuversichtlich und froh wurden. Und wenn jemand meinte, sein Leben sei ganz verfehlt und bedeutungslos und er selbst nur irgendeiner unter Millionen, einer, auf den es überhaupt nicht ankommt und der ebenso schnell ersetzt werden kann wie ein kaputter Topf – und er ging hin und erzählte alles das der kleinen Momo, dann wurde ihm, noch während er redete, auf geheimnisvolle Weise klar, daß er sich gründlich irrte, daß es ihn, genauso wie er war, unter allen Menschen nur ein einziges Mal gab und daß er deshalb auf seine besondere Weise für die Welt wichtig war.
So konnte Momo zuhören!

aus: Michael Ende, Momo, K. Thienemanns Verlag, Stuttgart

Fragen zum Nachdenken

Was bedeutet es für Menschen, für mich, ein offenes Ohr zu finden?

Welche Fähigkeiten sind notwendig, um ganz Ohr zu sein?

Wie steht es mit mir persönlich?

Welche Menschen in meinem Bekanntenkreis können mich zum Reden bringen?

Welche bringen mich zum Verstummen, machen mich „sprach-los"?

6. Übung: Wir konzentrieren uns (Hörübung)

Alle sitzen still und entspannt da und bekommen nur den Impuls, alles, was zu hören ist im Raum und außerhalb des Raumes, einmal bewußt wahrzunehmen. Nach fünf bis acht Minuten (länger nicht!) teilen wir in einem „Schreibgespräch" einander mit, was wir alles hören konnten: Autogeräusch, Menschenstimmen, Schritte im Gang, Atem (eigener und der des Nachbarn), Schuhscharren, Uhrticken, Vogelgezwitscher, Räuspern, Herzschlag, Bewegungsgeräusche, Türöffnen . . . Wer ein Geräusch mitteilen möchte, schreibt es an die Tafel oder auf ein Plakat (für alle gut sichtbar!). Mehr als zwei sollten auf keinen Fall zugleich schreiben. Farben bieten Abwechslung. Zehn Minuten vergehen dabei schnell. Anhand der Anschrift ist eine Reflexion sehr fruchtbar. Was hören wir normal, was überhören wir sonst völlig?

7. Übung: Wir hören auf Gefühle

Jeder formuliert einen selbsterfundenen Satz (z. B.: Unsere gestrige Party war prima. Nur war Pit wieder nicht dabei. – Wir haben heute die letzte Schulaufgabe geschrieben, die für mich entscheidend war. – Ich wechsle meinen Arbeitsplatz. Es ist nicht mehr zum Aushalten . . .) und versucht für sich, darin ein bestimmtes Gefühl auszudrücken. Dann zieht er zwei oder drei „Gefühlskarten", die vom Leiter vorbereitet wurden: Auf jeder Karte steht ein Gefühl: traurig sein, sich freuen, überrascht sein, sich ärgern, Wut haben, innerlich erregt sein, Angst haben . . . Für jeden sollten wenigstens zwei „Gefühle" zur Verfügung stehen, so daß jeder seinen Satz in verschiedenen Gefühlsstimmungen auszudrücken hat.

Während nun der eine seinen Satz bzw. seine Sätze sagt, müssen die anderen erraten, was er für ein Gefühl ausdrücken will. Im anschließenden Gespräch überlegen wir uns, ob wir ausgedrückte Gefühle wahrnehmen können oder ob wir an ihnen vorbeihören. Wie klingt meine eigene Stimme, wenn ich Ärger, Freude, Angst ausdrücke?

Je nach Zeit und Gruppenzusammensetzung kann dann zu folgender meditativer Übung übergegangen werden. Wir werden still und versuchen, in uns die Stimme eines Menschen, der uns viel bedeutet, wahrzunehmen; wie sie klingt, wenn er freudig erregt ist, wenn er sich ärgert, wenn er traurig ist. Zwischen den einzelnen „Gefühlen" wird eine kurze Stille eingeschaltet, damit jeder wirklich die „Stimmen in sich" kommen lassen und ihnen nachhören kann.

8. Übung: Bildmeditation

Jede der vorgeschlagenen Übungen kann mit dieser Bildmeditation beginnen oder schließen. Vor jedem liegt das Bild „Der Hörende" von Toni Zenz. Wir lassen das Bild auf uns wirken und fragen uns: Wie wirkt das Bild auf mich? Was kann es mir sagen? Was fällt mir dazu ein?

Wird die Bildmeditation als eigene Übung gewählt, dann tragen wir nach etwa zehn Minuten einen meditativen Text vor, der eine Art Zusammenfassung der Überlegungen bieten könnte. Die Meditation von Alois Albrecht eignet sich hierfür sehr gut.

Skulptur von Toni Zenz: Der Hörende, Pax-Christi-Kirche in Essen, Foto: H. Vogler, Ratingen

Ohren zum Hören

Manchmal gelingt es mir
nicht nur zu hören
sondern
ganz ein Hörender zu sein

Dann bin ich
nicht wie sonst
registriere dann
mit meinen Ohren
Töne, Worte
Gedudel
Gerede
Gelärm
Geräusch
als Kulisse meines Lebens

sondern
sammle alles
was ich bin
und pole es
auf das eine
das es nun zu tun gilt:

Zu hören
zu empfangen
aufzunehmen
Antenne zu sein

Dann inhaliere ich Musik
mit meinem ganzen Körper
durch alle Poren lasse ich
Wellen in mich dringen
die mich überspülen
und verschlingen
wie in einem Strudel
oder auch wiegen
mit ihrem flachen
Geplätscher

Dann trifft mich
das Gesumme
einer Biene
in ihrem Flug
von Blüte zu Blüte
wie eine wunderbare Melodie

und ich meine
wie Franz von Assisi
ihren Gesang
zu verstehen

Dann empfinde ich
bei einem morgendlichen
Gang durch den Ton
alles, was da
quakt und
zwitschert
und schnattert
und surrt
wie ein Konzert
abgestimmt mit
sehr genauen Einsätzen
moderne Komposition
der Schöpfung

Dann vernehme ich
in deiner Stimme
Obertöne der Freude
und Untertöne
des Schmerzes

Dann sitze ich
in einer Oper
und fühle
wie das Haus sich füllt
mit Akkorden,
wie Harmonien
mich einbeziehen,
wie Disharmonien
mich schmerzen,

die Lieder
erklingen in mir
der Dirigent
gibt den Takt
auch für mich

Dann vernehme ich
unter Menschen
bei einem Gespräch
in einem Raum
beinahe physisch
hörbar
das Geknister der
Sympathie
und Antipathie.

Ich bin glücklich,
daß ich hören kann.

Alois Albrecht

9. Übung: Trimm-dich-Pfad für gutes Hören

Jeder zeichnet zunächst einen Trimm-dich-Pfad für sich, entwirft zwei bis drei „Stationen", die für ihn wichtig sind, um das Hören zu lernen bzw. zu üben. Nach etwa zehn Minuten Einzelbesinnung wird gemeinsam ein Trimm-dich-Pfad gestaltet. Umfaßt die Gruppe mehr als acht Teilnehmer, so sollten Untergruppen dafür gebildet werden. Wichtig ist bei der Auswahl der einzelnen Stationen, daß jeder auch sagen kann, warum für ihn die Übung wichtig ist bzw. welche Erfahrungen er vielleicht schon damit gemacht hat.

Meist wünschen die Gruppen oder auch Klassen von sich aus, den Trimm-dich-Pfad länger im Gruppen- bzw. im Klaßzimmer sichtbar aufzuhängen. Ich hatte auch schon Gruppen, die ihren Trimm-dich-Pfad auf ein DIN-A4-Blatt verkleinerten und fürs eigene Zimmer kopierten.

Trimm-Dich-Pfad

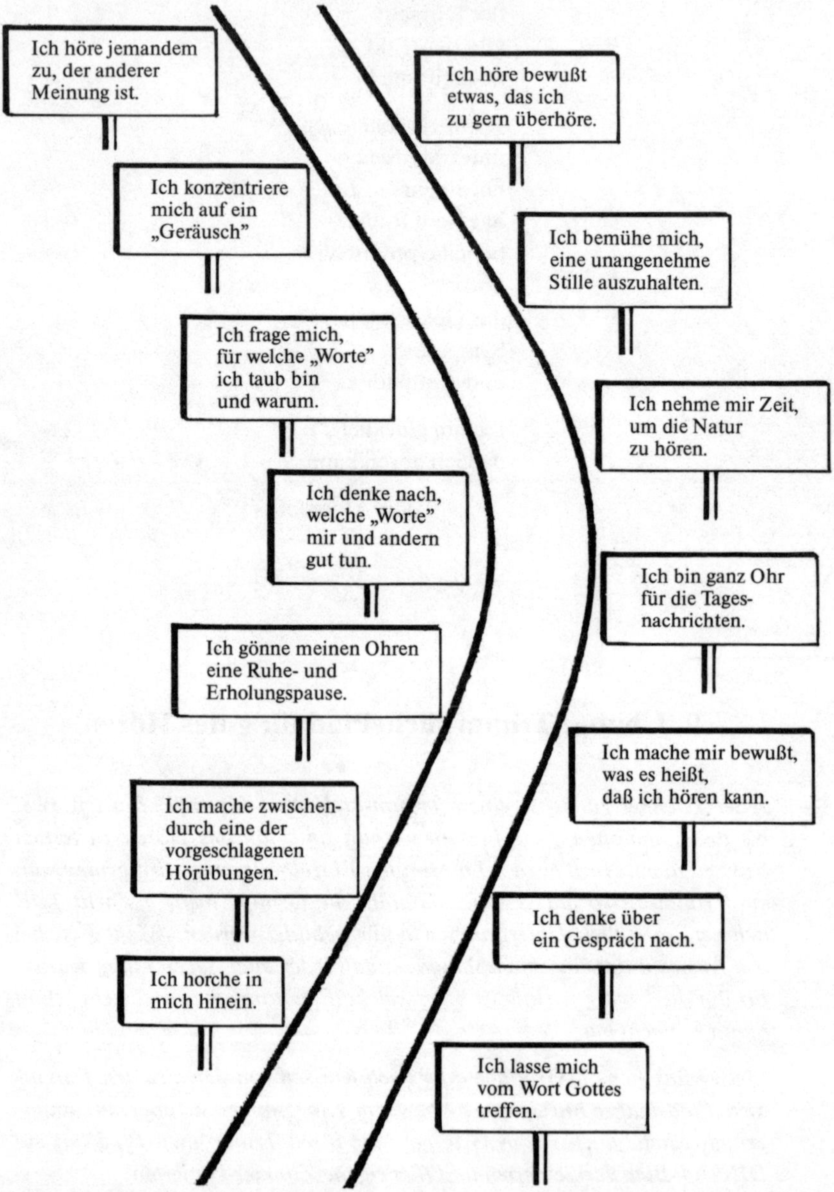

10. Übung: Wortmeditation

Die Gruppe sitzt im Kreis. In der Mitte liegt ein Plakat, auf dem groß und gut leserlich das chinesische Sprichwort steht:

Wenn du ein Herz hast, dann wirf dein Ohr weg!

Etwa fünf bis acht Minuten lassen wir das Wort auf uns wirken und sprechen es innerlich immer wieder nach. Jeder fragt sich, was ihm dieses Sprichwort sagen kann, welche Erfahrungen dahinterstecken. Dann teilen wir es einander mit. Z. B.: Mir sagt dieses Sprichwort, daß man nur mit dem Herzen gut hört . . . Das organisch gute Ohr allein macht mich nicht zum guten Zuhörer . . . Ich kann den anderen nur verstehen, wenn ich ihn verstehen will . . . Wenn die Beziehung nicht stimmt, dann überhöre ich viel . . . Wenn sich Menschen gern haben, verstehen sie sich auch zeitweise ohne viele Worte . . . Wichtig für diese meditative Übung, die sich in der Regel mehr für Ältere eignet, ist, daß die Aussagen – auch wenn sie noch so verschieden oder gar widersprüchlich sind – stehen bleiben. Es wird nicht diskutiert!

Je nach Gruppe und Intension kann statt des Sprichwortes auch ein Schriftwort gewählt werden. Für unsere Thematik z. B.:

Heute, wenn ihr seine Stimme hört, verhärtet eure Herzen nicht. (Ps 94,8)

11. Übung: Schriftmeditation

Gemeinsam suchen wir Stellen aus der Heiligen Schrift, die uns Anregungen geben zu dem Thema „Ganz Ohr“ und schreiben je eine Schriftstelle (möglichst kurze Sätze!) gut leserlich auf ein DIN-A4-Blatt.

Es sollten mindestens soviele Blätter als Teilnehmer zur Verfügung stehen (Schriftstellen auch doppelt schreiben!). Die Blätter werden dann kreisförmig auf den Boden gelegt. Jeder geht nun langsam von einem Blatt zum anderen, liest nochmals die einzelnen Schriftworte und wählt sich (erst bei der zweiten Runde) das Blatt, das ihm am meisten zusagt. Etwa fünf bis acht Minuten setzt sich jeder mit dem gewählten Schriftwort aus-

einander: Warum trifft mich *dieses biblische Wort? Was kann* mir *diese Stelle sagen?*

Mit ein oder zwei Sätzen sagt dann jeder, was ihm das ausgewählte Schriftwort bedeutet. Wichtig dabei ist wieder, daß nicht diskutiert oder exegetisiert wird. Vielleicht ist es auch möglich, als Art Kehrvers zwischen den einzelnen persönlichen Deutungen die Strophe „Herr, gib uns Mut zum Hören . . .“ zu singen.

HERR, GIB UNS MUT ZUM HÖREN

Text und Melodie: Kurt Rommel

Schriftstellen zum Thema „Ganz Ohr“

Du, der du das Ohr gemacht hast, solltest nicht hören? (Ps 94,9)

Rede, Herr, dein Diener hört. (1 Sam 3,10)

Ich rufe dich an, denn du erhörst mich, o Gott! Wende mir dein Ohr zu, höre meine Bitte! (Ps 17,6)

Bei dir, Herr, suche ich Zuflucht . . . Neige dein Ohr mir zu und befreie mich rasch! (Ps 31,1–3)

Ja, der Herr hat mir sein Ohr geneigt, sobald ich zu ihm rief. (Ps 116,2)

Heute, wenn ihr seine Stimme hört, verhärtet eure Herzen nicht! (vgl. Ps 95,7 f.)

Nicht vom Brot allein soll der Mensch leben, sondern von jedem Wort, das aus dem Munde Gottes kommt! (Mt 4,4)

Sprich nur ein Wort, so (wird mein Knecht) werde ich gesund! (Mt 8,8)

Selig sind eure Augen, weil sie sehen, und eure Ohren, weil sie hören! Wahrlich, ich sage euch, viele Propheten und Gerechte begehrten zu sehen, was ihr seht, und sahen es nicht, zu hören, was ihr hört, und hörten es nicht. (Mt 13,16 f.)

Man brachte einen Taubstummen zu Jesus . . . Er legte ihm seine Finger in die Ohren . . . und sprach zu ihm: „Tu dich auf!" Sogleich öffneten sich seine Ohren, und das Band seiner Zunge löste sich. (Mk 7,32 ff.)

Dies ist mein Sohn, der geliebte. Auf ihn sollt ihr hören! (Mk 9,7)

Maria bewahrte all diese Worte in ihrem Herzen. (Lk 2,51)

Jeder, der auf den Vater hört und sich von ihm belehren läßt, kommt zu mir. (Joh 6,45)

Ich bin der gute Hirte . . . Meine Schafe hören auf meine Stimme; ich kenne sie und sie folgen mir. (Joh 10,27)

Meine Mutter und meine Brüder? Jene sind es, die das Wort Gottes hören und tun. (Lk 8,21)

Selig, die das Wort Gottes hören und es befolgen. (Lk 11,28)

Die Worte, die ich zu euch gesprochen habe, sind Geist und Leben. (Joh 6,63)

Der Glaube kommt vom Hören! (vgl. Röm 10,17)

3. Thema:

UNFÄHIG ZUM LEID?

1. Übung: Wir meditieren ein Märchen

Das nachfolgende afrikanische Märchen wird langsam vorgelesen. Bei leiser Musik denkt dann jeder über den Text und die folgenden Fragen nach. Das Meditieren fällt leichter, wenn jedem Text und Fragen zur Verfügung stehen. Außerdem ist es für viele Jugendliche eine Hilfe, wenn sie sich zu den einzelnen Fragen Stichpunkte aufschreiben. Wichtig ist jedoch, daß es nicht um Leistung und Erfolg geht!

Ein afrikanisches Märchen

Durch eine Oase ging ein finsterer Mann, Ben Sadok. Er war so gallig in seinem Charakter, daß er nichts Gesundes und Schönes sehen konnte, ohne es zu verderben.

Am Rand der Oase stand ein junger Palmbaum im besten Wachstum. Der stach dem finsteren Araber in die Augen. Da nahm er einen schweren Stein und legte ihn der jungen Palme mitten in die Krone. Mit einem bösen Lachen ging er nach dieser Heldentat weiter.

Die junge Palme schüttelte sich und bog sich und versuchte, die Last abzuschütteln. Vergebens. Zu fest saß der Stein in ihrer Krone. Da krallte sich der junge Baum tiefer in den Boden und stemmte sich gegen die steinerne Last. Er senkte seine Wurzeln so tief, daß sie die verborgene Wasserader der Oase erreichten, und stemmte den Stein so hoch, daß die Krone über jeden Schatten hinausreichte. Wasser aus der Tiefe und Sonnenglut aus der Höhe machten eine königliche Palme aus dem jungen Baum.

Nach Jahren kam Ben Sadok wieder, um sich an dem Krüppelbaum zu freuen, den er verdorben. Er suchte vergebens. Da senkte die stolzeste

Palme ihre Krone, zeigte den Stein und sagte: „Ben Sadok, ich muß dir danken, deine Last hat mich stark gemacht."

Franz Gypkens

Ein paar Fragen zum Nachdenken

Welche Steine lasten auf mir? Was fange ich mit ihnen an?

Was kann für mich sein: Boden, Wasser aus der Tiefe, Sonnenglut aus der Höhe?

Wie sehe ich Menschen, die mir Lasten auflegen?

Gibt es in meinem Leben Belastungen, die für mich im nachhinein positiv waren?

Kann ich mir Belastungen vorstellen, denen ich nicht oder noch nicht gewachsen bin?

2. Übung: Babylon- und Jerusalem-Erfahrungen

Am Schlager „The Rivers of Babylon" von Boney M. wird die fast wörtliche Übereinstimmung mit Psalm 137 herausgestellt. Ein weiterer Schritt der Vorbereitung ist die gemeinsame Herausarbeitung der Begriffe Jerusalem und Babylon und die übertragene Bedeutung. Jerusalem ist der Inbegriff für . . . Babylon ist der Inbegriff für . . . Dann werden zwei verschiedenfarbige Blätter ausgeteilt (gelb, grau). Jeder denkt nun über seine stärkste Jerusalem-Erfahrung und ebenso über seine Babylon-Erfahrung nach und schreibt sie anschließend nieder. Während der Meditation (etwa 25 Minuten) läuft im Hintergrund der Schlager.

Einen sehr guten Zugang zu diesen Jerusalem- bzw. Babylon-Erfahrungen gewinnen junge Menschen auch mit Hilfe der Fotosprache. Aus einer großen Anzahl von Bildern wählt sich jeder zwei aus: eines, das für ihn eine gute Atmosphäre darstellt, und eines, das für „Babylon" stehen könnte. Wir schauen die beiden Bilder etwa 10 Minuten an und zeigen sie dann den anderen mit einer kurzen Interpretation, z. B. Babylon ist für mich dort, wo Menschen einander bekämpfen. Jerusalem ist für mich überall dort, wo Kinder Geborgenheit erfahren und angenommen werden.

Rivers of Babylon (Boney M.)

By the rivers of Babylon, there we sat down.
Yeah, we wept, when we remember Zion.
By the rivers of Babylon, there we sat down.
Yeah, we wept, when we remember Zion.
When the wicked carried us away in captivity,
required from us a song.
Now how shall we sing the Lord's song in a strange land.
Let the words of our mouths and the meditations of our hearts
be acceptable in the sight here tonight.

Stainer & Bell Ltd., London

Psalm 137

An Babels Strömen saßen wir und weinten,
wenn wir Zions gedachten.
An den Weiden daselbst
hängten wir unsere Zithern auf.
Denn dort verlangten unsere Zwingherren von uns Lieder,
unsere Bedrücker Freudengesänge:
„Singt uns eines der Zionslieder!"
Wie könnten wir singen die Lieder des Herrn
auf fremdem Boden?
Wenn ich dich vergesse, Jerusalem,
soll meine eigene Rechte vergessen werden!
Es klebe mir die Zunge am Gaumen,
wenn ich deiner nicht gedenke,
wenn ich nicht Jerusalem zum Gipfel meiner Freude mache.

Jerusalem ist der Inbegriff für ...

Freiheit,
Freude,
Heimat,
Geborgenheit,
Gottesnähe,
Friede,
Macht,
Reichtum,
Glück,
Erfolg,
Verständnis,
Freundschaft,
Leben,
Lied und Musik,
Glauben,
Zukunft,
Hoffnung,
unberührte Natur,
Sonne,
Zärtlichkeit,
Freisein von Streß,
Gemeinschaft,
Schönheit,
Himmel.

Babylon ist der Inbegriff für ...

Gefangenschaft,
Krieg,
Ohnmacht,
Zweifel,
Unverständnis,
Unfriede,
Sehnsucht,
Heimatlosigkeit,
Angst,
Gewalt und Terror,
Überforderung,
Ausgeliefertsein,
Verbitterung,
Fremde,
Schuld,
Enttäuschung,
Zerstörung der Natur,
Umweltverschmutzung,
Isolation,
Einsamkeit,
Ausbeutung,
Streß,
Haß,
Langeweile,
Trennung,
Rassenhaß,
Ablehnung,
Hunger und Durst,
Stummsein,
Krankheit,
Hölle.

Meine „Jerusalem-Erfahrungen"

Ich finde es schön, in der Sonne zu liegen und den blauen Himmel und die blühenden Bäume zu meditieren. Es ist wunderbar, wenn noch Menschen dabei sind, die ich gern mag, die aber nicht die ganze Zeit reden, sondern auch still sein können.

Wenn ich an meinem 16. Geburtstag ein Moped bekomme, dann bin ich glücklich. Es macht mir nämlich sehr Spaß, Moped zu fahren. Ich finde es toll! Außerdem bin ich dann nicht immer von meinen Eltern, Geschwistern und Freunden abhängig; ich muß mich nicht mehr zu Veranstaltungen hinfahren und von dort abholen lassen; ich kann selbst wegfahren, wohin ich will.

Ich fühle mich wie im Himmel, wenn ich mit Freunden zusammen etwas unternehmen kann, z.B. am Abend Grillen, Baden gehen, Parties feiern. Ich erfahre dann, daß man mich versteht, daß ich akzeptiert werde, daß ich so sein darf, wie ich bin.

Ich freu mich, daß ich mit meinen Eltern so gut zurechtkomme. Ich kann mit ihnen eigentlich über alles reden, was mich froh macht und was mich bedrückt. Sie verstehen auch meine Sorgen, Probleme und Ängste. Gott sei Dank lassen sie mir genügend Freiheit und stehen zu mir, selbst in schwierigen Situationen.

Für mich war es sehr befreiend, als ich nach langem Suchen und mehreren Absagen eine Lehrstelle gefunden hatte, die meinen Vorstellungen und Erwartungen entsprach.

Ich wünschte mir, ich könnte einmal tun und lassen, was ich will: frei zu sein; Zeit zu haben für etwas, wozu man Lust und Liebe hat; in der Sonne zu liegen, zu reisen; zu träumen; romantisch zu sein.

Jerusalem, das sind für mich Freunde, die mich gern haben; die mich verstehen und akzeptieren; die sich freuen, wenn sie mir begegnen; die zu mir auch in schwierigen Situationen halten; mit denen ich mein Leben gestalten kann; die mich mögen, so wie ich bin.

Ich bin glücklich, daß ich mich mit meinem Freund wieder verstehe, obwohl wir beide glaubten, daß es Schluß wäre mit unserer Freundschaft. Jetzt bin ich wieder ruhiger und zufriedener. Was mich sehr freut, ist die Tatsache, daß ich durch diese Situation wieder das Beten gelernt habe und Gott nicht mehr ablehne. Durch diese guten Erfahrungen mache ich es auch meinen Mitmenschen leichter, mit mir auszukommen.

Sehr wichtig für mich ist das Verhältnis zu meiner Mutter, das sich sehr gebessert hat, seit ich ihr einen Brief schrieb über meine Gefühle ihr gegenüber. Seitdem kommen wir gut miteinander aus und versuchen, einander zu verstehen und zu helfen.

Jerusalem erfahre ich, wenn mir jemand ein Kompliment macht; wenn ich mich mit jemandem versöhne, an dem mir viel liegt; wenn ich mich sehr anstrenge und dann Erfolg habe; wenn ich etwas „Handfestes" leisten kann und nicht immerzu lernen muß; wenn ich mit jemandem tanze, den ich gern mag.

Mir geht es gut, wenn ich mir Zeit nehme, um mit meinem kleinen Bruder zu spielen. Es macht ihm Spaß, Bilderbücher anzuschauen und Geschichten zu hören. Ich kann mich dann ganz in seine Welt versetzen. Und manche meiner Probleme verlieren dadurch ihre Bedeutung. Ich sehe sie einfach mit anderen Augen.

Ich fühle mich wie in „Jerusalem", wenn ich weiß, daß mich Menschen lieben, die ich auch sehr gern mag, wenn sie es mir beweisen durch nette Worte, durch Zeichen ihrer Zuneigung, durch Zärtlichkeiten.

Glücklich bin ich, wenn andere in der Lage sind, mir meine Fehler zu verzeihen, oder wenn ich bereit bin, den ersten Schritt zur Versöhnung zu tun.

Jerusalem ist für mich Zukunft: eine friedliche Welt ohne Gewalt, ohne Krieg, ohne Haß und Zwiespältigkeit; Menschen, die einander verstehen und helfen. Ich weiß, daß jeder an diesem Jerusalem bauen muß.

Meine „Babylon-Erfahrungen"

Ich fühle mich in letzter Zeit sehr beansprucht, bin gereizt, und die Schule geht mir ziemlich auf die Nerven. Ich habe den Eindruck, ungerecht behandelt zu werden und komme mir oft einsam und alleingelassen vor. Irgendwie fühle ich mich wie ein Boot, das versucht, gegen starke Wellen anzukommen. Hin- und hergerüttelt von einer Situation in die andere, habe ich Angst, daß ich Menschen enttäusche, die fest an mich glauben.

Babylon, das erfahre ich, wenn ich merke, daß mich andere ausnutzen; daß ich störe; wenn ich jemandem weh getan habe; wenn ich ausgelacht werde; wenn man mich nicht anhört; wenn ich unterdrückt und mißverstanden werde.

Mein momentanes Leben ist für mich Babylon. Mein Beruf und meine Arbeit geben mir wenig Sinn. Man arbeitet eigentlich nur um ein Auto, um für später abgesichert zu sein, für geregelte Freizeit und schöne Urlaubsreisen. Nein danke! Das halte ich nicht aus! Ich will heraus aus diesem Babylon!

Mich belastet meine Einsamkeit. Ich habe wenig Kontakt zu meinen Mitmenschen. Zwar kenne ich genügend Leute, aber es ist nie zu einer sinnvollen Beziehung gekommen. Man redet Belangloses miteinander, sonst nichts. Eine richtige, schöne, ausfüllende, beglückende Freundschaft habe ich noch nicht erlebt. Ich kann nicht ganz verstehen, warum wir so aneinander vorbeileben. Oft möchte ich den ersten Schritt wagen, aber dann habe ich wieder Angst vor bösen Überraschungen; man könnte mich ja für aufdringlich und unmöglich halten. Sind bei uns, sind bei mir die Fähigkeiten zu menschlichen Beziehungen verkümmert?

Ich habe Angst vor der Einsamkeit, vor dem Zerbrechen einer Freundschaft, vor unheilbarer Krankheit, vor Verkehrsunfällen und eigentlich auch vor dem Altwerden. Als kranker und alter Mensch wird man auf das Abstellgleis geschoben, wird vielleicht vergessen und nicht mehr akzeptiert.

Mir gehen meine Eltern „auf den Wecker". Sie geben mir zu wenig Freiheit und sperren mich schier ein. Ich soll immer nur lernen und an meine Zukunft denken. Aber mein Leben ist doch mehr als nur Lernen und Ausbildung. Ich möchte frei sein für meine Freunde, für unsere gemeinsamen Hobbies, für Gespräche und Parties. Ich will mich verwirklichen und nicht immer nur das ausführen, was andere von mir erwarten.

Oft fühle ich mich betroffen, wenn ich behinderte Kinder sehe, die nicht so ausgelassen sein können wie ich. Irgendwie fühle ich mich verantwortlich für sie, aber ich habe wahrscheinlich nur Mitleid mit ihnen.

Zur Zeit fühle ich mich manchmal ganz miserabel, und zwar muß ich sehr oft an die bevorstehende Prüfung denken, vor der ich furchtbare Angst habe. Zugleich kommen mir dann Gedanken an all das, was ich falsch gemacht und versäumt habe. Ich fühle mich dann schuldig, komme mir schlecht und verlassen vor und werde fast sentimental. Ich kann schlecht über meinen eigenen Schatten springen und sage manchmal Dinge, die ich nicht sagen möchte, die andere verletzen und mich selbst traurig machen. Besonders belastend für mich sind auch die Probleme mit meiner Figur. Ich versuche schon lange abzunehmen, aber es gelingt mir nicht. Oft habe ich den Eindruck, andere lachen mich aus oder spotten über mich. In solchen Situationen fange ich dann sogar zu heulen an, ohne daß ich etwas dagegen tun kann.

Mir geht es schlecht, wenn es Streit gibt in meiner Familie und alle sich nur noch anschreien. Keiner hört dann mehr auf den anderen und akzeptiert dessen Meinung. Besonders schlimm ist es, wenn ich diesen Streit verschuldet habe.

Mich belastet es, daß ich mit meinem Vater nicht gut auskomme. Er ist oft ungeduldig, rechthaberisch und gibt schnell auf. Ich kann mit ihm nie sachlich über ein Problem reden. Obwohl ich weiß, daß es auch an mir liegt, leide ich darunter, weil ich glaube, daß ihn meine Sorgen gar nicht interessieren. Er fragt nie, wie es mir geht.

Ganz schlimm war für mich die Scheidung meiner Eltern. Ich war wie hin- und hergerissen zwischen beiden. Zur Zeit lebe ich bei meiner Mutter, aber irgendwie stehe ich mehr zu meinem Vater. Ich sage mir zwar immer, es war besser, daß sich meine Eltern trennten. Aber ich komme nicht darüber hinweg, daß es gerade *meine* Eltern machten. Ich habe auch Angst für meine eigene Freundschaft und meine Zukunft. Wie wird es mir ergehen?

Vor drei Monaten ist ein Freund aus meiner Gruppe tödlich verunglückt. Ich kann es immer noch nicht glauben und bin seitdem wie verwandelt. Ein guter Gott, der uns liebt? Ich glaube nicht mehr daran und zweifle, ob er um mich weiß und unser Bestes will. Welchen Sinn hat eine Welt mit soviel Leid und Elend? Welchen Sinn hat mein Leben?

Es macht mich traurig, daß ich soviele Leute kenne, die nur auf ihren eigenen Vorteil bedacht sind, die andere ausnutzen und bewußt täuschen, denen ich nicht vertrauen kann. Ich leide darunter, daß auch „fromme“ Menschen so oberflächlich dahinleben. Und ich habe Angst, daß es mir auch so geht, daß ich am eigentlichen Leben vorbeilebe.

3. Übung: Wir bauen gemeinsam eine Klagemauer

Voraussetzung für diese meditative Übung ist eine große Wandfläche, an die man mit „Tesakrepp" viele Zettel hängen kann.

Beim kurzen Einstieg geht es um die positiven Erfahrungen des Klagens. Gemeinsam machen wir uns klar, wie notwendig es für uns ist, daß wir klagen können und klagen dürfen. An der Klagemauer in Jerusalem wird außerdem auch der soziale Bezug des Klagens deutlich.

An die Tafel oder auf ein Plakat werden nun folgende Fragen geschrieben: Was macht mich sehr traurig? Worunter leide ich ziemlich stark? In welchen Situationen fühle ich mich überfordert, hilflos, ratlos? Etwa zwanzig Minuten lang hat jeder Zeit, um seine persönlichen Gedanken dazu in Stichworten auf postkartengroße Blätter zu notieren. Für jeden sollten dafür drei bis fünf Blätter und mehrere Filzstifte zur Verfügung stehen!

Die Zettel werden abgegeben und gemischt. Anschließend nimmt jeder ein „Klageblatt" heraus, liest es und klebt es dann an die „Klagemauer".

Je nach Gruppenzusammensetzung und Alter dürfte der Hinweis wichtig sein, daß es nicht so sehr darum geht, herauszubekommen, wer nun diese Klage geschrieben hat. Entscheidender ist es, sich in den anderen und sein Leid hineinzuversetzen und zu überlegen, wie es mir dabei ginge.

Entsprechend der Anzahl von ausgefüllten Klageblättern wiederholt sich der Vorgang zwei- oder dreimal. Es sollte noch genügend Zeit sein, um die einzelnen angeklebten Zettel meditativ zu lesen. Außerdem kann es sehr positiv auf die Gemeinschaft wirken, wenn die gemeinsame „Klagemauer" längere Zeit stehen bleibt. Das Einverständnis der Gruppe ist aber dazu Voraussetzung.

Wichtig für diese Übung ist ein abschließendes Reflexionsgespräch: Welche Klage hat mich, hat uns besonders betroffen? Was möchte die Gruppe bzw. der einzelne angesichts dieser Klagemauer tun?

4. Übung: Unser Kreuz aus Alltagserfahrungen

Jeder hat zwei verschiedenfarbige, postkartengroße Blätter. Wir denken nach, wann für mich ein Tag schön und sinnvoll bzw. furchtbar, sinnlos, vertan ist. Auf dem einen Blatt werden jeweils die positiven, auf dem anderen die negativen Situationen festgehalten. Nach etwa fünfzehn Minuten legen wir mit unseren Karten ein Kreuz: Die positiven Erfahrungen bilden einen Kreuzbalken, ebenso die negativen Situationen. In die Mitte legt der Leiter ein DIN-A4 großes Blatt mit der Aufschrift: sinnvoll – sinnlos?

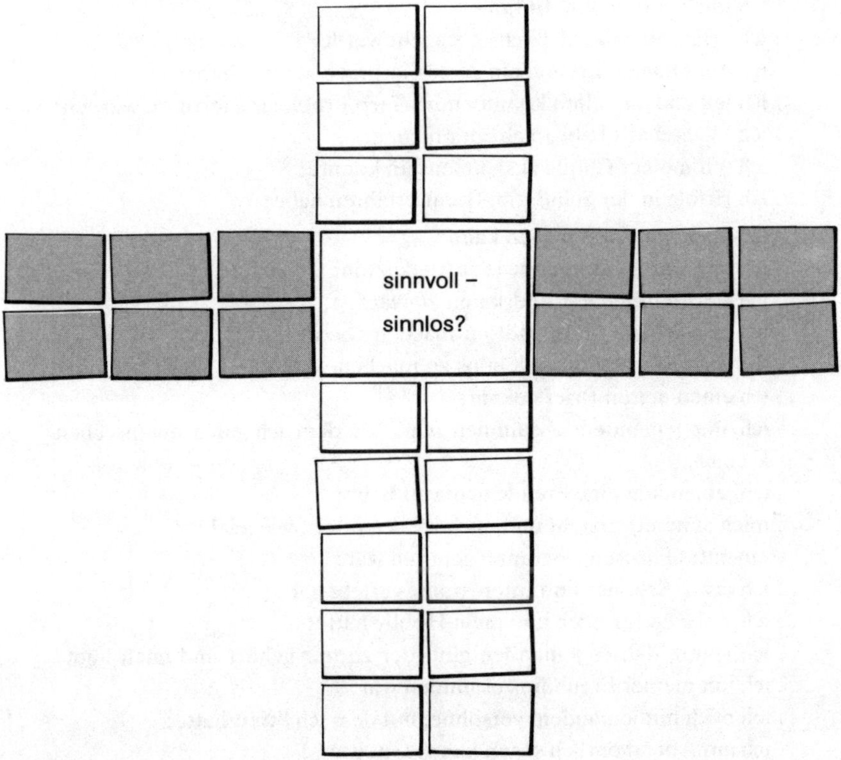

In Stille lesen wir die Aussagen auf den einzelnen Karten und setzen uns anschließend um das „Kreuz“. Wir lassen dieses Symbol, zusammenge-

setzt aus unseren Alltagserfahrungen, auf uns wirken. Nach etwa fünf Minuten teilen wir einander mit, was uns bei dieser meditativen Übung „aufgegangen" ist.

Ein Tag ist für mich schön und sinnvoll, wenn ...

... etwas, auf das ich mich schon lange gefreut habe, in Erfüllung gegangen ist;
... der Tag so abgelaufen ist, wie ich es mir vorgestellt habe;
... ich merke, daß man mit mir im Beruf zufrieden ist;
... ich mich gesund und fit fühle;
... ich erfahren habe, daß ich gebraucht werde;
... ich mit meinem Freund ein gutes Gespräch geführt habe;
... ich jemandem helfen konnte, mit seinen Problemen fertig zu werden;
... ich es geschafft habe, nicht zu rauchen;
... ich mit meiner Clique zusammensein konnte;
... ich Erfolg in der Schule/im Beruf erfahren habe;
... ich mich auf etwas freuen kann;
... ich mit mir selbst irgendwie zufrieden bin;
... ich das Gefühl habe, anerkannt zu werden;
... ich eine schöne Motorradtour machen konnte;
... die Hausaufgaben problemlos zu machen waren und alles glatt ging;
... ich einen netten Brief bekam;
... ich mit jemandem zusammen war, bei dem ich mich aussprechen konnte;
... ich jemandem eine Freude gemacht habe;
... mich jemand versteht und mich so akzeptiert, wie ich bin;
... ein gutes Fernsehprogramm geboten war;
... ich etwas Schönes und Interessantes erlebt habe;
... ich viel Zeit für mich und mein Hobby hatte;
... ich spüre, daß es jemanden gibt, der zu mir gehört und mich liebt;
... ich mit meiner Freundin zusammen war;
... ich mich mit jemandem versöhne, mit dem ich Streit hatte;
... ich am Abend ehrlich sagen kann: Gut war's!
... mich jemand mit einem kleinen Geschenk überrascht hat;
... wir in der Familie miteinander sachlich reden konnten und ich mich verstanden fühlte;
... ich eine Entscheidung richtig getroffen habe;

... ich mich bemüht habe, ein guter Mensch zu sein;
... mir jemand eine Freude bereitet hat;
... ich von mir sagen kann, ich habe heute etwas geleistet;
... ich von niemandem bevormundet werde und tun kann, was ich will;
... ich erfahren habe, daß ich nicht umsonst auf dieser Welt bin.

Ein Tag ist für mich furchtbar, sinnlos, vertan, wenn ...

... ich viel allein war;
... sich meine Eltern meinetwegen streiten;
... ich krank bin und mich keiner besucht;
... es zu Hause Streit und Ärger gibt und alle nur noch durcheinanderschreien, ohne auf den anderen Rücksicht zu nehmen;
... es mir in einer Schulaufgabe oder Stegreifaufgabe ziemlich schlecht ging;
... ich jemandem weh getan habe;
... mich jemand verletzt hat;
... ich von Menschen, von denen ich viel halte, enttäuscht wurde;
... ich wenig Zeit für mich hatte;
... mir meine Eltern das Ausgehen verbieten wollen;
... ich mich unverstanden fühle;
... es mir langweilig war;
... ich an Menschen denke, denen es ziemlich schlecht geht;
... der Tag nach meinem Gefühl danebengegangen ist;
... mein Vater wieder betrunken heimkam und meine Mutter und mich bedrohte;
... ich nur für die Schule/den Beruf gelebt habe;
... ich eine schlechte Note bekam;
... mich jemand sehr ungerecht behandelt hat;
... ich meine Freundin nicht getroffen habe;
... ich mit meinem Moped einen Unfall „baute“;
... ich mit meinen Eltern oder mit meinem Freund einen ziemlich ernsten Streit hatte;
... mich schlimme Fragen und Zweifel quälen;
... ich eine schlimme Nachricht erhielt;
... ich mich ehrlich fragen muß: Wozu das Ganze?
... ich Angst habe vor dem nächsten Tag;
... ich ein schlechtes Gewissen habe;

. . . ich jemandem eine wichtige Hilfe verweigert habe;
. . . ich eine Entscheidung treffen muß und nicht weiß, was nun richtig ist für mich;
. . . ich gemein und aggressiv war;
. . . ich mich selbst nicht verstehe;
. . . ich das, was ich mir vorgenommen hatte, nicht einhalten konnte.

5. Übung: Naturale Meditation (Weizenkorn)

Jeder hält ein Weizenkorn in seiner Hand. Wir schauen es an, fühlen es, „be-greifen" es. – Dieses kleine Samenkorn kann uns, kann mir etwas sagen, es stellt an mich Fragen und gibt mir Antworten. Wir lassen uns ansprechen. Nach zehn bis fünfzehn Minuten Stille teilen wir einander die „Botschaft des Weizenkorns" mit.

Eine Tonschale, mit Erde gefüllt, steht bereit. Für eine Schulklasse sind mehrere Schalen notwendig. Nacheinander drückt jeder sein Weizenkorn tief in die Erde. Während dieses Vorgangs läuft leise Musik (sehr zu empfehlen ist die Melodie zu „Wer leben will wie Gott . . ."). Als Abschluß dieser Übung eignet sich eines der beiden Lieder. Vielleicht ist es auch möglich, zu Bitt- und Dankimpulsen anzuregen.

Text: Huub Oosterhuis
Textübertragung: Johannes Bergsma
Melodie: bei Coussemaker 1856

2. |: Er geht den Weg, den alle Dinge gehen; :|
er trägt das Los, er geht den Weg,
|: er geht ihn bis zum Ende. :|

3. |: Der Sonne und dem Regen preisgegeben, :|
das kleinste Korn in Sturm und Wind
|: muß sterben, um zu leben. :|

4. |: Die Menschen müssen füreinander sterben. :|
Das kleinste Korn, es wird zum Brot,
|: und einer nährt den andern. :|

5. |: Den gleichen Weg ist unser Gott gegangen, :|
und so ist er für dich und mich
|: das Leben selbst geworden. :|

Text: Lothar Zenetti 1971
Melodie: Johann Lauermann 1972

2. So gab der Herr sein Leben, / verschenkte sich wie Brot. /
Wer dieses Brot genommen, / verkündet seinen Tod.

3. Wer dies Geheimnis feiert, / soll selber sein wie Brot; /
so läßt er sich verzehren / von aller Menschennot.

4. Als Brot für viele Menschen / hat uns der Herr erwählt; /
wir leben füreinander, / und nur die Liebe zählt.

Weizenkorn-Botschaften

Das kleine Weizenkorn ist hart, steinhart sogar. Die Schale schützt, und wenn es so bleibt, dann geschieht nichts. Das Korn bleibt allein, es wird nicht leben, es verdorrt mit der Zeit und ist eigentlich zu nichts nütze.

Das Weizenkorn ist verschlossen, abgeschlossen, und man ahnt kaum, was alles in diesem Korn steckt. Eine rauhe Schale, ein lebendiger Kern!

Wenn das Korn in die Erde gedrückt wird, wenn es die Nässe und Dunkelheit erträgt, wenn die Schale gesprengt wird, wenn das Korn scheinbar abstirbt, dann beginnt es zu wachsen, dann keimt es und fängt zu leben an.

Wenn das Weizenkorn nicht in die Erde fällt und stirbt, bleibt es allein, wenn es aber stirbt, bringt es viele Frucht. (Joh 12,24)

Ist es in meinem Leben auch so? Gelingt es nur, wenn ich ein Stück von mir hergebe, wenn ich meine Schale sprenge, wenn ich mit anderen teile, wenn ich auf andere Rücksicht nehme, wenn ich das Alleinsein aushalte? Nur wenn ich mein Leben ein Stückweit verlieren kann, gewinne ich es.

Dieses Weizenkorn benötigt allerhand zum Wachsen- und Lebenkönnen: Es braucht fruchtbaren Boden, Wasser und Nährstoffe, Sonne, Wärme und Licht. Ich lebe eigentlich ganz selbstverständlich von all der Geborgenheit, der Liebe, der Zeit und dem Verständnis, von all den „Wachstumsvoraussetzungen", die mir von anderen geschenkt werden.

Mir ist beim Anschauen des Weizenkorns die Beziehung zu meinen Eltern gekommen. Am Anfang meines Daseins war ich noch viel winziger als dieses Korn. Ich war ganz und gar auf das Ja meiner Eltern angewiesen. Und ich finde es eigentlich sehr schlimm, wenn ein beginnendes Leben keine Chance bekommt, wenn es abgetrieben wird.

Irgendwie sträubt sich in mir etwas gegen die Botschaft, daß ich mich ein Stückweit verlieren muß, um leben zu können. Ich möchte eigentlich lieber genießen. Vielleicht fehlt mir auch das Vertrauen und die Kraft, daß ich Spannungen, Dunkelheit und Belastungen ertragen kann.

Aus vielen Körnern wird Brot. Einer lebt vom anderen, einer braucht den anderen. Wir haben Verantwortung füreinander.

Bitt- und Dankimpulse

Christus, ich danke Dir, daß Du für uns zum Weizenkorn geworden bist und uns so das Leben ermöglicht hast.

Gott, laß alle Menschen genügend Nahrung haben und mach uns selbst zum Teilen bereit und fähig.

Ich denke an die Kinder, die in schlimmen Verhältnissen aufwachsen müssen. Gib Du ihnen, Gott der Liebe, trotzdem die Chance der Entfaltung und des Lebens.

Mach alle Menschen, die nur an sich denken und so sich selbst und andere am Reifen hindern, betroffen und laß sie umdenken.

Ich möchte all denen danken, die so selbstverständlich ein Stück von sich hergeben, damit ich leben kann. Gott, vergilt Du ihnen all das Liebe und Gute.

Ich denke an Jugendliche, die sehr verschlossen sind, die keinen Sinn mehr im Leben sehen oder die dem Alkohol und den Drogen verfallen sind. Gott, laß sie Menschen kennenlernen, die ihnen helfen und neuen Lebenssinn geben können.

Gott, hilf uns selbst, damit wir dem Weizenkorn gleich werden, das seine Schale sprengt, das voll Vertrauen loslassen kann und so lebendig ist und Frucht bringt.

6. Übung: Mein Keimling

Unsere „gesäten“ Körner (vgl. 5. Übung: Naturale Meditation zum Weizenkorn) stehen im warmen Raum, werden mit warmem Wasser begossen und beobachtet. Nach etwa fünf Tagen beginnt es zu keimen, nach etwa zehn Tagen ist der Keimling bis zu 6 cm hoch. Mit einem Löffel stechen wir vorsichtig für jeden einen Keimling (mit Korn, Wurzeln, etwas Erde) aus und legen ihn auf eine Serviette. Wir schauen alles an, fühlen das ausgesaugte Korn und den saftigen, weichen Halm. Es ist mein Korn, mein Keimling, mein Leben!

Wenn das Weizenkorn in die Erde fällt und stirbt, bringt es viele Frucht! Gibt es Situationen in meinem jungen Leben, in denen ich das Geheimnis des Korns und des Keimlings erfahren habe? Bei dieser naturalen Meditation sind die Eindrücke meist so deutlich und stark, daß dieser Impuls genügt.

7. Übung: In leidvollen Situationen von Gott verlassen?

Wir liegen oder sitzen am Boden und machen einige Entspannungsübungen. Dann lassen wir die letzten vier, fünf Jahre an uns vorbeilaufen. Was war für mich besonders beglückend? Was war für mich eine besonders schlimme Erfahrung? Bei einer dieser traurigen Grenzerfahrungen bleiben wir stehen, leben sie nochmals durch. Nach etwa zehn Minuten wird die Geschichte aus Taizé langsam vorgelesen, vielleicht auch ein zweites Mal. Wir fragen uns: Wie ging es mir in dieser leidvollen Situation? Wie sehe ich diese Situation heute? Kann ich den Traum des Mannes und seine Erfahrungen nachvollziehen?

Je nach Wunsch, Atmosphäre, Zeit und Intension wird die Art der Reflexion dieser Erfahrungen sehr verschieden sein. Gute Anregungen kamen teilweise hierfür von den Teilnehmern selbst: Malen der letzten Jahre mit den Spuren im Sand; Gespräch in Kleingruppen; Neuformulierung und Beten von Psalm 23; persönliches Beten (allein bleiben wollen).

Nur eine Fußspur

Ein Mann hatte eines Nachts einen Traum. Er träumte, daß er mit Gott am Strand entlang spazierenging. Am Himmel zogen Szenen aus seinem Leben vorbei, und für jede Szene waren Spuren im Sand zu sehen.

Als er auf die Fußspuren im Sand zurückblickte, sah er, daß manchmal nur eine da war. Er bemerkte weiter, daß dies zu Zeiten größter Not und Traurigkeit in seinem Leben so war. Deshalb fragte er den Herrn: „Herr, ich habe bemerkt, daß zu den traurigsten Zeiten meines Lebens nur eine Fußspur zu sehen ist. Du hast aber versprochen, stets bei mir zu sein. Ich verstehe nicht, warum du mich da, wo ich dich am nötigsten brauchte, alleingelassen hast."

Da antwortete ihm der Herr: „Mein liebes, teures Kind. Ich liebe dich und würde dich niemals verlassen. In den Tagen, wo du am meisten gelitten hast und mich am nötigsten brauchtest, da, wo du nur die eine Fußspur siehst, das war an den Tagen, wo ich dich getragen habe."

aus Taizé

Gott und mein Leid

Es war sehr schlimm für mich, als ich in der 5./6. Klasse total aus der Klassengemeinschaft ausgeschlossen war. Niemand redete mehr mit mir, sie spotteten über mich und meine körperliche Behinderung, ich fand keinen Anschluß mehr. Ich dachte oft, das stehe ich nicht durch; ich fühlte mich sehr allein und einsam. Irgendwie spürte ich aber auch, daß ich hier durch mußte. Vielleicht war dies die Nähe Gottes, ich weiß es nicht. Jedenfalls habe ich mich geändert, habe dann auch die Schule gewechselt und bin in der neuen Klasse ziemlich gut angenommen worden. Heute bin ich über diese schlimme Erfahrung froh.

Eine ganz leidvolle Erfahrung machte ich, als ich vor kurzem meine schwerkranke Tante im Krankenhaus besuchte. Ich bereitete mich darauf vor, daß sie „entstellt“ aussehen wird; aber als ich dann in das Krankenzimmer eintrat und sie sah, war in mir ein endloser Schmerz und eine Traurigkeit, die mir bis ins Innerste drang. Verlassen und abgemagert bis auf die Knochen, die Augen tief in den Höhlen, die Hände und Arme dürr und kraftlos auf der Bettdecke. Daß diese Kranke meine allerliebste Tante war, mit der ich viele schöne Dinge erlebt hatte, das konnte ich einfach nicht wahrhaben und begreifen. Wenn sie mich ansah und dabei weinte, hätte ich sie am liebsten festhalten wollen, damit Krankheit und Tod sie mir nicht wegnehmen könnten. – Die Geschichte ist für mich in vielen Situationen ein Ausdruck meiner eigenen Erfahrungen. Ich glaube an Gott und möchte auch darauf vertrauen, daß er mich in der Not nicht fallen läßt. Aber ich erlebe so selten, daß er mich auf Händen trägt.

Ich kannte ein Mädchen, mit dem ich ziemlich lang befreundet war. Wir verstanden uns gut und konnten über alles miteinander sprechen. Plötzlich gab es einen „Riesenkrach“, der durch die Beziehung zu einem Jungen mitverursacht war. Wir gifteten uns gegenseitig an und hatten einen unheimlichen Haß aufeinander. In der Nacht konnte ich nicht mehr richtig schlafen; daheim erinnerten mich viele Sachen von ihr an sie. Insgeheim mochte ich sie, glaube ich, doch noch irgendwie, aber äußerlich verschloß ich mich und lehnte sie ab. Ich war jedenfalls total verzweifelt, ständig nahe am Heulen. Die anderen aus meinem Freundeskreis brachten es auch nicht fertig, mich wieder aufzurichten. – Ich glaube schon, daß mir Gott irgendwie in dieser Situation beigestanden hat. Ich begann mich nach einiger Zeit mit einem anderen Mädchen anzufreunden, das ich früher nie besonders leiden mochte. Es stand mir wirklich in dieser unangenehmen Situation bei und hat sich bis heute als echte Freundin erwiesen.

Ich weiß nicht, was das Schlimmste bisher war. Ich meine, daß man immer das für das Schlimmste hält, bei dem es einem sehr schlecht geht. Schlimm für mich war z.B. die Zeit, als ich von daheim weggelaufen bin. Es war eigentlich nur deshalb, weil mein Vater wieder einmal getrunken hatte. Zuerst bin ich in eine Kirche gegangen. Aber ich glaube nicht, daß da irgendwo Gott war. Ja, und dann bin ich mitten in der Nacht zu einer Freundin gelaufen. Sie und ihre Eltern waren sehr nett. Vielleicht waren sie damals auch ein bißchen „Gott“. Als ich nach zwei Tagen wieder heimging, fragte mich Vater nur, ob ich glaube, daß er mich nicht mag. Und weil ich merkte, daß er schon wieder getrunken hatte, schrie ich „nein“. Er will nicht glauben, daß es nur deshalb war, weil er trinkt. – Ich glaube nicht, daß in meiner Situation das Beten noch nützt, ich hab es schon zu lange umsonst probiert. Wenn etwas Schlimmes passiert, dann mag ich Gott nicht. Im Gegenteil! Ich mache ihn für alles verantwortlich.

Ich habe früher mit meinem Bruder sehr oft und heftig gestritten. Dabei wünschte ich mir meist, daß es ihn nicht gäbe. Als dann mein Bruder einen sehr schweren Unfall hatte, wo es darum ging, ob er überleben würde, wurde mir erst wirklich klar, wie sehr ich an ihm hing. Ich schämte mich so wegen meiner miesen Gedanken. Und ich glaube, ich habe noch nie so viel darum gebetet, Gott möge mir vergeben. Als mein Bruder dann endlich nach fünf Wochen aus seiner Bewußtlosigkeit erwachte, war ich wie erlöst. Irgendwie hatte ich das Gefühl, daß Gott ganz nahe bei mir war. Jetzt bin ich unheimlich froh, daß mein Bruder noch lebt. Ich habe ihm alles erzählt. Er verstand mich und sagte, er habe eigentlich dasselbe empfunden wie ich.

Ganz schlimm war für mich, als vor einem Jahr meine Eltern einmal furchtbar miteinander stritten. Danach ist mein Vater ausgezogen. Im nachhinein finde ich es zwar besser, daß er sich von meiner Mutter getrennt hat, aber damals glaubte ich, die Welt bricht für mich zusammen. Ich konnte an keinen Gott mehr glauben, ich fühlte mich völlig verlassen und allein.

Vor einem halben Jahr hatte ich vor lauter Verzweiflung einmal Tabletten genommen. Ich hatte kurz zuvor Streit mit meinen Eltern, und die Noten in der Schule waren auch nicht gerade hervorragend. Das Schlimmste aber kam noch dazu, als mein Freund mit mir Schluß machte. Zum Glück fanden mich meine Eltern noch rechtzeitig, und es ging alles noch verhältnismäßig glimpflich ab. – Ich rede zwar nicht gerne darüber, aber ich glaube, Gott hat mich aus dieser Situation gerettet. Ich würde so etwas auch nicht mehr machen. Seitdem bete ich auch oft zu Gott, er solle es nicht mehr so schlimm kommen lassen. Und bis jetzt hat er mich erhört.

Eine schlimme Zeit war für mich vor zwei Jahren, als der Freund meines Bruders bei einem Motorradunfall ums Leben kam. Dieser Junge war sehr oft bei uns zu Hause, und ich verstand mich recht gut mit ihm. Wir waren alle erschüttert. Es war für mich unverständlich, warum solch ein junger, lebensfroher Mensch sterben mußte. Zweifel an Gott kamen auf. Ich habe mich damals ernsthaft gefragt, ob Gott Gerechtigkeit walten läßt und ich noch an ihn glauben kann und soll. Menschen, die man gern hat, sterben, und Verbrecher oder andere Gauner dürfen leben.

Einen richtigen Schock versetzte mir meine zweite Deutsch-Schulaufgabe in diesem Jahr mit der Note 6. Ich bin zwar in Deutsch nicht gut, aber so schlecht war ich noch nie. Als ich diese Note sah, löste ich mich völlig auf. Zu Hause verstand meine Mutter, daß ich durch diese Note niedergeschmettert war. Ich glaube, Gott hat damals meiner Mutter geholfen, sich so verständig zu zeigen. Irgendwie fühlte ich mich dadurch wie auf Händen getragen.

Sehr schwer war für mich der Tod meines Vaters: die ganze Leidensgeschichte, das langsame Sterben, das Nicht-sagen-Dürfen und -Können, daß er Krebs hat; die Besuche, bei denen man nicht wußte, in welchem Zustand er jedesmal war; das Miterleben, wie ein lieber Mensch dahinsiecht; den Todestag und die furchtbare Erfahrung, daß ein Mensch, den man geliebt hat und mit dem man aufgewachsen ist, plötzlich nicht mehr da ist; diese furchtbare Hilflosigkeit gegen Krankheit und Tod. Lange konnte ich mich über nichts mehr freuen, war trübselig oder schlecht aufgelegt. Ich glaube, es wäre furchtbar, wenn ich dann noch erfahren müßte: Ich bin allein auf mich gestellt. Irgendwie kann ich ganz fest vertrauen: Gott wird es schon recht machen!

Nach Psalm 23

Du, Herr, bist mein Hirt –
warum sollte ich mir Sorgen machen?
Du führst mich auf weites, fruchtbares Land,
am sprudelnden Quell läßt du mich lagern.
Du gibst mir Wasser, löschst meinen Durst,
ruhig läßt du werden meine Seele.
Du gibst mir einen sicheren Schritt
und läßt mich finden den richtigen Weg.
Auch wenn mein Weg durch finstere Schluchten führt,
wenn es dunkel wird,
wenn ich einsam und verlassen bin,
wenn ich mich krank und schwach fühle,

wenn ich schuldig bin vor dir,
brauch ich mich nicht zu fürchten.
Du bist ja bei mir,
und ich weiß mich durch dich beschützt.
Reich deckst du für mich den Tisch,
du gibst mir den Becher der Freude.
Erbarmen und Gutsein schenkst du mir,
begleitest mich, wohin ich auch geh.
Wohnen darf ich in deinem Haus,
du bist mir nahe für alle Zeit.

8. Übung: Sich kreuzen lassen

Die beiden Vorübungen, die E. Gruber in seiner Dia-Meditation „Mit dem Kreuz leben" vorschlägt, machen auf junge Menschen großen Eindruck, ermöglichen einen positiven Zugang zum Geheimnis des Kreuzes und sind oft Anlaß für persönliche religiöse Erfahrungen und Glaubensgespräche. Wir haben diese Meditationen besonders in der Fastenzeit auch in die Liturgie (Wortgottesdienst: Bußakt; Einführung zum Evangelium; anstelle einer Predigt) eingebaut.

a) *Je zwei malen mit Pinsel und Wasserfarbe ein Kreuz: der eine die Linie von oben nach unten, der andere* gleichzeitig *(aber mit anderer Farbe) einen Strich von links nach rechts. Genau in der Kreuzung beider Farben entsteht die „ungeahnte" neue Farbe.*
Diese Übung kommt auch bei Partnerschaftsseminaren gut an und kann sehr positiv für die freundschaftliche Beziehung von zwei Menschen ausgewertet werden.

b) *Für diese naturale Meditation braucht jeder* ein *Aststückchen von etwa 25 cm Länge. Wichtig ist, daß diese Stückchen frisch und geschmeidig sind, damit sie beim starken Anspannen nicht ganz auseinanderbrechen. Schößlinge von Flieder oder Obstbäumen eignen sich hierfür recht gut. Jeder hat sein Aststückchen in der Hand und führt jedesmal bei den sieben angegebenen Schritten das Entsprechende aus. Mit kurzen Sätzen wird das meditative Tun ergänzt.*

Ich bin gekreuzt

1. Gerade sein: *Den Ast anschauen, fühlen, ihn an den Enden fassen, ihn „sprechen" lassen.*

Dieses Stück Ast ist ein Gleichnis für mich und mein Leben.
So bin ich, oder besser,
so möchte ich sein:
jung,
gesund,
voller Kraft und Leben,
gut gewachsen,
natürlich und schön,
gerade und richtig.
Alles in meinem Leben sollte glatt gehen!

2. Gespannt sein: *Den Ast mit beiden Händen anspannen, erst leicht, dann etwas stärker.*

Nur keine Angst vor Anforderungen.
Ich verkrafte einiges.
Mich bringt so schnell nichts um.
Ich schaff' das schon!
Ich lasse mich nicht unterkriegen.
Denen werde ich es zeigen!
Ich bin doch kein Kind mehr.
So schnell geb' ich nicht auf.
Ich kann das schon allein.
Ich brauch' dazu niemanden.
Selbst ist der „Mann"!

3. Belastet bis zum Äußersten: *Den Ast immer stärker biegen, die intensive Spannung innerlich selbst nachfühlen und aushalten.*

Schlimme Belastungssituationen!
Ich bin gespannt bis zum Äußersten.
So ein Streß!
Es wird zuviel.
Das ist ja nicht zum Aushalten!

Lang halt' ich das nicht mehr aus.
Was soll das Ganze?
Das schaff' ich nicht mehr.
Es geht über meine Kräfte.
Ich beginne, an mir und an den anderen zu zweifeln.
Es geht auf Biegen und Brechen.
Ich kann nicht mehr.
Das hat doch keinen Sinn.
Jetzt geb' ich auf!

4. Angeknackst sein: *Den Ast biegen, bis er knackst; nicht ganz durchbrechen!*

Schuld, Leid, Enttäuschung!
In mir ist etwas gerissen, gebrochen.
Es war zuviel!
Ich bin gebrochen.
Sinnlos!
Es besteht keine Aussicht mehr.
Ich hab' versagt.
Hoffnungslos!
Daß mir das passieren muß!
So gemein!
Das hab' ich nicht verdient!
In mir ist alles leer und ausgebrannt.
Diese Schande!
Warum soll ich weiterleben?
Warum?
Aus, Ende, nichts mehr!
Einfach aus!
Einfach aus?

5. Gebrochen sein: *Die Bruchstelle anschauen, hineindenken und -fühlen in diese offene Mitte.*

Bis jetzt lief alles glatt.
Wie beim Ast war mein Leben – oberflächlich.
Die Mitte blieb verschlossen.
Die Bruchstelle reißt auf,
liefert aus,

macht offen,
ermöglicht einen Blick in das Innere,
in die Tiefe.
Das bin ich also.
Ich erfahre mich anders,
ich erlebe mich neu.
Und der andere?
Ich kann mich nicht mehr vor ihm verstellen.
Hilf mir!
Nimm mich so an, wie ich bin!

6. Dem anderen begegnen:

Mit einem anderen, dem Freund, der Freundin ... zusammengehen, den gebrochenen Ast, den anderen auf mich wirken lassen, dann langsam die Bruchstellen zusammenfügen (die Äste müssen kreuzweise liegen), ineinanderdrücken.

Auch der andere ist gebrochen,
verletzt und schwach,
aufgebrochen und offen.
Wir brauchen einander nichts mehr zu verheimlichen.
Unsere Masken sind gefallen.
Ich kann dem anderen mein Versagen zugeben.
Ich brauch' mich nicht zu genieren.
Ich darf ein Stück von mir preisgeben.
Wir können einander trauen.
Die Stelle des Gebrochenseins –
eine Chance für Begegnung,
für echtes Verstehen,
für Einssein?

7. Gekreuzt sein:

Die Stäbe etwas zurechtbiegen, das gemeinsame Kreuz anschauen.

Ich bin gekreuzt mit dem anderen.
Mein Stab, sein Stab –
unser gemeinsames Kreuz!
Wird die schwächste Stelle meine stärkste?

Wächst aus meiner Schwachheit Kraft?
Ist das vielleicht der Sinn von Leid?

Christus, dieses Kreuz,
Dein Kreuz,
ist Zeichen der Begegnung,
ist ein neuer Anfang,
ist Leben
für mich,
für uns!

4. Thema:

ICH MÖCHTE FREI SEIN!

1. Übung: Ich möchte frei sein von . . .

Wir hören uns zunächst das Chanson „Über den Wolken“ von R. Mey an. Jeder sollte dabei den Refrain schriftlich vor sich haben. Etwa zehn Minuten lang denken wir nach, wovon wir frei sein möchten und schreiben es dann stichwortartig auf. Manchen Gruppen/Klassen macht es Schwierigkeiten, einander nun ihre „Freiheitswünsche“ mitzuteilen. In solchen Situationen hat es sich als beste Methode entwickelt, wenn die Skizzen eingesammelt werden und dann von einem oder mehreren aus der Gruppe/ Klasse langsam vorgelesen werden. Je nach Atmosphäre und Intension ist es auch möglich, diese meditativen Impulse in ein Gebet einzubeziehen. Als Anregung zum eigenen Formulieren nehmen wir gern das Gebet von W. Schaube.

Über den Wolken (Reinhard Mey)

1. Wind: Nord-Ost, Startbahn: 03!
Bis her hör ich die Motoren.
Wie ein Pfeil ziehn sie vorbei,
und es dröhnt in meinen Ohren.
Und der nasse Asphalt bebt,
wie ein Schleierstaub der Regen,
bis sie abhebt und sie schwebt
der Sonne entgegen.

Über den Wolken
muß die Freiheit wohl grenzenlos sein.
Alle Ängste, alle Sorgen, sagt man,
blieben darunter verborgen. Und dann
würde, was uns groß und wichtig erscheint,
plötzlich nichtig und klein.

2. Ich seh ihr noch lange nach,
seh sie die Wolken erklimmen,
bis die Lichter nach und nach
im Regengrau verschwimmen.
Meine Augen haben schon
jenen winz'gen Punkt verloren.
Nur von fern klingt monoton
das Summen der Motoren.

Über den Wolken
muß die Freiheit wohl grenzenlos sein.
Alle Ängste, alle Sorgen, sagt man,
blieben darunter verborgen. Und dann
würde, was uns groß und wichtig erscheint,
plötzlich nichtig und klein.

3. Dann ist alles still: ich geh'.
Regen durchdringt meine Jacke.
Irgendjemand kocht Kaffee
in der Luftaufsichtsbaracke.
In den Pfützen schwimmt Benzin,
schillernd wie ein Regenbogen.
Wolken spiegeln sich darin.
Ich wär' gern mitgeflogen.

Über den Wolken
muß die Freiheit wohl grenzenlos sein.
Alle Ängste, alle Sorgen, sagt man,
blieben darunter verborgen. Und dann
würde, was uns groß und wichtig erscheint,
plötzlich nichtig und klein.

Text und Musik: Reinhard Mey

Frei sein möchte ich von ...

... den vielen gesellschaftlichen Verpflichtungen;
... schulischen Zwängen, besonders von Schulaufgaben, die für mich ausschlaggebend sind;
... jeglichem Machtkampf, z. B. Kampf um Anerkennung in der Gruppe;
... meiner Ungeduld und meinen Aggressionen;
... Menschen, die ich nicht ausstehen kann;
... meiner körperlichen Behinderung;
... meiner Angst, keine Arbeitsstelle zu finden;
... den Verpflichtungen, die ich nicht so erfüllen kann, wie ich möchte;
... Streit mit meinen Eltern und Geschwistern;
... dem Gefühl, meine Zukunft verplanen zu müssen;
... jeder Art von Streß und Hektik;
... der Angst, daß andere mich nicht akzeptieren könnten;
... all meinen Schwächen und Fehlern;
... der Begrenztheit der Zeit, die ich für mich allein nutzen kann;
... einer Gesellschaft, die mehr auf Leistungen und Noten als auf den Charakter sieht;
... Vorurteilen und Erwartungen, die an mich gestellt werden;
... der Angst, daß ich jemanden, den ich sehr gern mag, verlieren könnte;
... meiner Schuld und meinem Egoismus;
... den Sorgen um Geld und Arbeitsplatz;
... der Angst vor Krieg, Umweltverschmutzung und Unfällen;
... jeder Form von Gewalt und Terror;
... der Langeweile und dem Alltagstrott;
... jeglicher Bevormundung zu Hause, in der Schule und am Arbeitsplatz;
... Unzufriedenheit, Haß und Feindschaft;
... jeder Art von Abhängigkeit;
... Leistungsdruck und Überfordertsein;
... Traditionen, Vorschriften und Geboten;
... meiner Maske und meinen Hemmungen;
... der Angst, anders zu sein als die anderen, also aufzufallen;
... Neid und falschem Mitleid;
... Technik, Industrie und Umweltverschmutzung;
... meiner eigenen Begrenztheit (Begabung, Charakter, Wille);
... Krankheiten, besonders den unheilbaren Krankheiten;

. . . meiner Unentschlossenheit und der Angst zu versagen;

. . . meinen Fragen und Zweifeln;

. . . meinen Mitmenschen (in gewisser Weise). Oft möchte ich meine Ruhe haben; und wenn ich dann unfreundlich bin, reagieren die anderen „sauer". Ich muß also wieder freundlich sein, mich entschuldigen, mich reuevoll zeigen, obwohl mir teilweise überhaupt nicht danach zumute ist.

Gebet

Frei sein will ich,
grenzenloser Gott,
Raum haben,
meinen Platz zu finden.

Mir graut vor jeder Enge,
den Zwängen,
allem Druck;
mir graut
vor den Großen,
die mich
in der Hand haben,
mich über die Klinge
springen lassen können;
mir graut
vor aller
Anpassung an die Gegebenheiten,
vor der
Angst . . . (hier sind die eigenen „Wünsche" einzubringen!)

Frei sein,
laß mich frei sein,
grenzenloser Gott,
der du mich
in der Hand hast
zu meinem Glück,
der du mich

zu einer Freiheit berufst,
die Zukunft hat
über alle Unfreiheit hinaus.

aus: Werner Schaube, Junge Leute beten

2. Übung: Gefesselt

Wir sitzen am Boden. Die Beleuchtung im Raum sollte eher gedämpft sein. Jeder holt sich von der Mitte eine etwa 1 m lange farbige Sisalschnur. Damit fesseln wir – einer dem anderen – die Hände. Zehn Minuten lang meditieren wir die gefesselten Hände, halten das Gebunden- und Gefesseltsein bewußt aus und spüren unseren Fesseln nach. Dann gibt der Leiter einen Impuls: Wir sind an vieles gebunden, gefesselt, bewußt und unbewußt, gewollt und ungewollt, nötig und unnötig. Was dem einzelnen so kommt, sagt er in den Raum. Dabei ist darauf zu achten, daß zwischen den jeweiligen Gedanken Pausen eingelegt werden.

Anschließend befreien wir einander von unseren Fesseln, schütteln die Hände, machen einige Lockerungsübungen und bleiben noch einige Minuten entspannt sitzen.

„Fessel-Gedanken“

Ich fühle mich wie gefesselt durch die Vorurteile anderer. Sie pressen mich in ein festes Bild, und ich lasse mich leider hineinpressen. Ich kann nicht so sein, wie ich wirklich bin und sein möchte.

Ich leide unter den Verpflichtungen von Schule und Beruf, unter den Vorschriften und Verplanungen. Zu gerne möchte ich die Fesseln unseres Schulsystems sprengen. Aber ich bin dazu einfach zu „klein“.

Mir fallen all die Menschen ein, die jahrelang ungerecht in Gefängnissen leben müssen, die gequält werden, die wirklich unfrei sind. Wie können die das aushalten und durchstehen?

Ich lege mir eigentlich selbst Fesseln an durch das „Man". Ich frage mich oft, was *man* tut, was *man* für richtig hält, was modern ist.
Ich bin gefesselt durch zu starke Bindungen an Menschen. Ich möchte nicht abhängig sein von Eltern, Lehrern, auch nicht von meinen Freunden. Ich möchte frei sein, unabhängig, selbständig.

Ich bin gefesselt an meine augenblicklichen Bedürfnisse. Manche sind ja lebensnotwendig, wie Essen, Schlafen, frische Luft . . ., aber andere müßte ich mehr in den Griff bekommen, z.B. Rauchen, laute Musik, Mode . . .

Ich bin unnötig gefangen in meinem Ehrgeiz, immer gut dazustehen und besondere Leistungen zu bringen. Ich leide selbst unter diesem Druck.

Ob wir uns bewußt sind, wie stark wir täglich manipuliert und „gefesselt" werden von den Medien, dem Fernsehen, den Illustrierten, der Clique . . .?

Ich habe darüber nachgedacht, daß ich ja eigentlich meine Freundin gefesselt habe. Ob ich das in Wirklichkeit auch mache? Binde ich sie zu stark an mich, ohne daß ich es merke? Gebe ich ihr genügend Freiraum?

3. Übung: Brief an einen Menschen, der mich einengt bzw. befreit

Diese Übung ist eigentlich eine Fortsetzung der vorausgehenden Meditation. Es können aber ohne weiteres einige Tage dazwischenliegen. Wir versetzen uns nochmals in die Situation, wo uns der andere gefesselt bzw. von der Fessel befreit hat. Als Erinnerungssymbol liegt die Schnur vor uns. Wir denken nach, von welchen Menschen wir den Eindruck haben, daß sie uns einengen bzw. befreien. Wir beschränken uns dann auf eine Person, lassen die dankbaren bzw. aggressiven Gefühle zu und versuchen, an diese Person einen Brief zu schreiben.

Briefe an Menschen, die einengen

Lieber . . .
Du unterdrückst mich und die anderen aus der Clique. Immer willst Du Dein Recht behaupten und glaubst, Deine Meinung sei die einzig richtige. Alle sollen nach Deiner Pfeife tanzen. Wenn es nicht nach Dir geht, führst Du Dich auf wie der letzte Mensch. Du siehst die Fehler nur an anderen, an Dir findest Du scheinbar keine; mindestens tust Du so. Und wenn Du in der Gruppe etwas falsch gemacht hast, dann redest Du solange, bis wieder ein Teil auf Deiner Seite ist. Wenn sich die Schwächeren nach Dir richten, bildest Du Dir auch noch etwas ein. Ob Du bei diesem Pascha-Dasein glücklich bist?

Liebe . . .
Wißt Ihr eigentlich, wie sehr wir unter Euch leiden? Ihr befehlt und wir haben zu gehorchen. Ihr gebt Hausaufgaben, wir haben sie zu machen; Ihr stellt Themen, wir haben sie auszuführen; Ihr bestimmt die Stundenpläne, wir haben uns daran zu halten; Ihr schreibt Schulaufgabentermine vor, wir haben sie lautlos hinzunehmen . . . Mag sein, daß Ihr selbst von Schulordnungen eingeengt werdet, aber so wird unser Selbstbewußtsein nicht gerade gefördert. Im Gegenteil: Wir werden zu Duckmäusern! Wie es Euch wohl ginge, wenn wir Schüler befehlen würden, und Ihr müßtet ohne Widerrede danach handeln?

Meine liebe . . .
Durch Deine Passivität zwingst Du mich, immer zu Dir zu kommen, bei Dir zu sein, mich mit Dir zu beschäftigen. Wenn ich in Deiner Nähe bin, fühle ich mich manchmal eingeengt, gezwungen, bedrückt und unbehaglich. Ich fühle mich so, weil ich nicht weiß, was in Dir vorgeht; weil ich nicht weiß, was Du von mir denkst. Durch Deine Zurückhaltung, Dein Schweigen, Deine Verschlossenheit machst Du mich unsicher. Ich mag Dich gern, aber ich kann mich in solchen Situationen nicht wohl fühlen.

Lieber . . .
Bitte, versteh doch, daß ich allmählich erwachsen werde und mein eigenes Leben leben will! Du versuchst immer, mir vorzuschreiben, wie ich mich zu kleiden habe und wie ich meine Haare kämmen sollte. Du willst Dich

in meine Freizeitgestaltung einmischen und mir Dinge aufdrängen, die ich gar nicht anstrebe. Du meckerst, wenn ich einmal weggehen möchte und wenn Dir meine Freunde nicht entsprechen. Laß mich doch selbständig werden!

Liebe ...
Du befreist mich und gleichzeitig engst Du mich ein. Anfangs war mir diese intensive Bindung recht, vielleicht merkte ich es auch nicht. Aber allmählich fühle ich mich abhängig, unfrei. Wenn ich mit anderen Mädchen rede, wirst Du eifersüchtig; wenn ich einmal allein ausgehen möchte, bist Du traurig, fühlst Dich verlassen und setzt mich unter Druck. In solchen Situationen bindest Du mich zu sehr an Dich. Mag sein, daß ich noch nicht reif genug bin für eine Partnerschaft, aber ich möchte jedenfalls noch nicht abhängig sein. Ich sollte mit Dir ehrlich darüber sprechen. Aber ich bin zu feige, um es Dir zu sagen.

Briefe an Menschen, die befreien

Liebe ...
Ich bin froh, daß ich Dich habe. Ich kann Dir eigentlich alles erzählen, und Du versuchst mich zu verstehen. Wenn ich große Probleme habe, merkst Du es mir an und meistens lade ich dann all meine großen Sorgen bei Dir ab; ich bring' sie los. Dafür bin ich Dir sehr dankbar. Wenn ich bei Dir bin, dann seh' ich alles, was vorher tragisch war, halb so schlimm.

Lieber ...
Bei Dir fühle ich mich ungezwungen und frei. Man kann mit Dir gut reden, Du gibst Tips, bedrückende Sorgen machst Du kleiner. Irgendwie bringst Du auch Schwung in mein Leben. Ich seh bei Dir, daß man die Anforderungen der Gesellschaft nicht so todernst nehmen muß. Und das hilft mir ziemlich.

Lieber ...
Du befreist mich, wenn ich Sorgen und Ärger habe. Wenn es mir schlecht geht und ich keinen Ausweg mehr weiß, dann kann ich mit Dir reden. Es geht mir dann besser, weil ich durch Dich erfahre, daß jemand zu mir hält, daß mich jemand versteht, daß mir jemand traut. So gibst Du mir ein Stück Freiheit, Mut und Selbstvertrauen. Und dafür danke ich Dir.

Liebe ...
Ich möchte Ihnen herzlich danken, daß ich mit Ihnen über mein Problem reden konnte. Ich habe nämlich große Schwierigkeiten, meine Gefühle und Ängste zu zeigen und darüber mit jemandem zu sprechen. Aber Sie haben sich so viel Zeit genommen, haben mich reden lassen und haben aufmerksam zugehört. Es hat mir wirklich gut getan. Ich fühle mich erleichtert.

Lieber ...
Du nimmst mich an, wie ich bin. Du erwartest von mir nicht, daß ich Dinge tue, die alle tun. Du kümmerst Dich um mich, läßt mir aber trotzdem genügend Freiheit. Das erlebe ich als befreiend.

4. Übung: Ich dinge dich mit nichts!

Wir gehen von der Erfahrung aus, daß Menschen einander beeinflussen, überreden, Werbung machen, manipulieren, einengen, unter Druck setzen, unfrei machen, zwingen. Und dazu gibt es die verschiedensten Mittel. Machen menschliche Beziehungen und Bindungen immer unfrei? R. Tagore versucht in dichterischer Form in einer Kurzgeschichte eine Antwort auf diese Frage zu geben.
Wir lesen die Geschichte, die jeder auch vor sich haben sollte, langsam vor und besinnen uns auf die verschiedenen Möglichkeiten, wie wir einander „dingen" und auch unfrei machen können. Für Interessierte kann zusätzlich dann die Anregung gegeben werden, entsprechende Ergänzungen zu finden und diese in Sprache zu fassen.

Der letzte Vertrag

„Kommt und dingt mich", rief ich, als ich eines Morgens auf der steingepflasterten Straße ging.

Das Schwert in der Hand, kam der König in seinem Wagen. Er faßte meine Hand und sagte: „Ich will dich dingen mit meiner Macht." Aber seine Macht war mir nichts wert, und er fuhr davon in seinem Wagen.

In der Hitze des Mittags standen die Häuser mit geschlossenen Türen da! Ich wanderte eine krumme Gasse entlang. Ein alter Mann kam heraus mit seinem Sack voll Gold. Er sann nach und sagte: „Ich will dich dingen mit meinem Gold." Er wog seine Münzen, eine nach der anderen, aber ich wandte mich fort.

Abend war's. Die Gartenhecke stand ganz in Blüten. Das liebliche Mädchen kam heraus und sagte: „Ich will dich dingen mit meinem Lächeln." Ihr Lächeln verblaßte und schmolz in Tränen, und sie ging allein zurück ins Dunkel!

Die Sonne glitzerte auf dem Sande, und die Meereswellen trieben ihr launisches Spiel. Ein Kind saß da, mit Muscheln spielend. Es hob seinen Kopf und schien mich zu kennen und sagte: „Ich dinge dich mit nichts." Und dieser Vertrag, in kindlichem Spiel geschlossen, hat mich fortan zum freien Menschen gemacht.

Rabindranath Tagore

Ergänzungen:

Die Schatten des Tages wurden länger. Da begegnete ich einem Lehrer der Weisheit, der zu mir sagte: „Ich dinge dich mit meinem Wissen!" Er schlug dicke Bücher auf und zeigte mir die Werke seines Schaffens. Doch ich ließ ihn stehen und ging weg.

Dämmerung hüllte die Stadt ein. Die Straßen wurden leer. Nur Tanz- und Flötenspiel ertönte von fern. Da kamen junge Menschen auf mich zu, lachten, scherzten und sagten: „Wir wollen dich dingen mit unseren Ideen und Vorschlägen." Und sie forderten mich zum Tanz auf. Ich war unschlüssig, überlegte etwas, doch dann kehrte ich ihnen den Rücken. Die Nacht nahm mich gefangen.

5. Übung: Ich habe Angst! (Bildmeditation)

Zunächst setzen wir uns mehr informativ auseinander mit unseren Ängsten und den vielen Gründen für unsere Angst. Eine sehr gute Anregung für persönliches Nachdenken bietet die Zusammenstellung aus dem Werkbrief der KLJB 1973, 17/18.

Dann entspannen wir uns, hören die Stelle aus dem Evangelium (möglichst mit eigenen Worten erzählen!) und lassen das Bild von R. P. Litzenburger auf uns wirken. Ist es von der Gruppe her noch notwendig, dann geben wir kleine Meditationsimpulse:
Vor lauter Angst erkennen die Jünger Jesus nicht. Sie sehen nur ein Gespenst.
Jesus spricht seinen Freunden Mut zu: Fürchtet euch nicht!
Der Wind ist stark. Petrus bekommt panische Angst: Herr, rette mich! Und Jesus stellt die Frage: Warum die Angst? Glaubst du nicht an mich? Diese Frage gilt auch mir.

Nach etwa zehn Minuten artikulieren wir unsere Ängste und Bitten vor Gott. Der abgewandelte Refrain des Emmaus-Liedes von Helga Poppe wird dazu gern als Fürbittruf gewählt.

Welche Gründe hat meine Angst?

Ich habe Angst vor Prüfungen und Schulaufgaben, weil . . .

. . . ich weiß, daß ich grundsätzlich zu wenig und zu oberflächlich lerne;
. . . vom Ergebnis mein schulischer/beruflicher Aufstieg abhängt;
. . . meine Eltern immer ein besseres Ergebnis erwarten, als ich es bringe;
. . . ich ehrgeizig bin und besonders gut dastehen möchte;
. . . ich in manchen Fächern einfach nicht mitkomme.

Ich habe Angst vor Auseinandersetzungen in der Familie, weil . . .

. . . mich meine Eltern einfach nicht verstehen;
. . . ich die Ansichten meiner Eltern überhaupt nicht ernst nehme;
. . . ich meine, es ist besser, wenn sie daheim nicht so viel von mir wissen;
. . . meine Eltern furchtbar streng sind und keinen Spaß verstehen;
. . . ich ihnen weh tun müßte, wenn ich sagte, was ich mir denke;

. . . ich nicht leicht eigene Fehler zugeben kann.

Ich habe Angst vor Konflikten, weil . . .

. . . ich nie richtig streiten gelernt habe;
. . . ich es nicht aushalten kann, wenn jemand mit mir nicht einverstanden ist;
. . . ich es immer allen recht machen will, um kein Ansehen zu verlieren;
. . . ich fürchte, dadurch jemanden zu verlieren.

Ich habe Angst, mich zu blamieren, weil . . .

. . . ich schon als Kind selten gelobt und mir wenig zugetraut wurde;
. . . ich immer mit anderen verglichen und andere mir als Vorbild hingestellt wurden;
. . . ich nur dann Liebe erfahren habe, wenn ich etwas „besonders Gutes" geleistet habe;
. . . ich es nicht gewohnt bin, vor mehreren Leuten etwas zu sagen;
. . . ich mir einbilde, die anderen könnten viel besser reden als ich.

Ich habe Angst, anderen nicht sympathisch zu sein, weil . . .

. . . ich nicht weiß, wie ich auf andere Leute wirke;
. . . ich mich ständig mit anderen Leuten vergleiche und mich an ihnen messe;
. . . ich mich in meinem Schönheitsideal an Illustrierten und Reklamebildern orientiere;
. . . ich selten ein Kompliment bekomme;
. . . ich es nicht fertigbringe, jemand anderem einmal ein Kompliment zu machen;
. . . ich zu wenig Humor habe;
. . . ich weiß, daß meine Bekannten nur auf das Äußerliche Wert legen.

Ich habe Angst, Entscheidungen zu treffen, weil . . .

. . . meistens meine Eltern für mich entschieden haben und ich nicht lernen konnte, mich zu entscheiden;
. . . ich manche Entscheidungen viel zu wichtig nehme;
. . . mir die Konsequenzen noch zu unklar sind, so daß ich mich nicht fest-

legen möchte;
. . . mir die damit verbundene Verantwortung als zu groß vorkommt.

Ich habe Angst vor Langeweile, weil . . .

. . . ich kein Hobby habe;
. . . mich kaum etwas richtig interessiert;
. . . ich immer so müde bin, daß ich zu nichts Lust habe;
. . . es in unserem Ort wenig Möglichkeiten gibt, etwas zu unternehmen;
. . . ich keine richtigen Freunde habe;
. . . meine Eltern erwarten, daß ich in meiner Freizeit daheim bleibe.

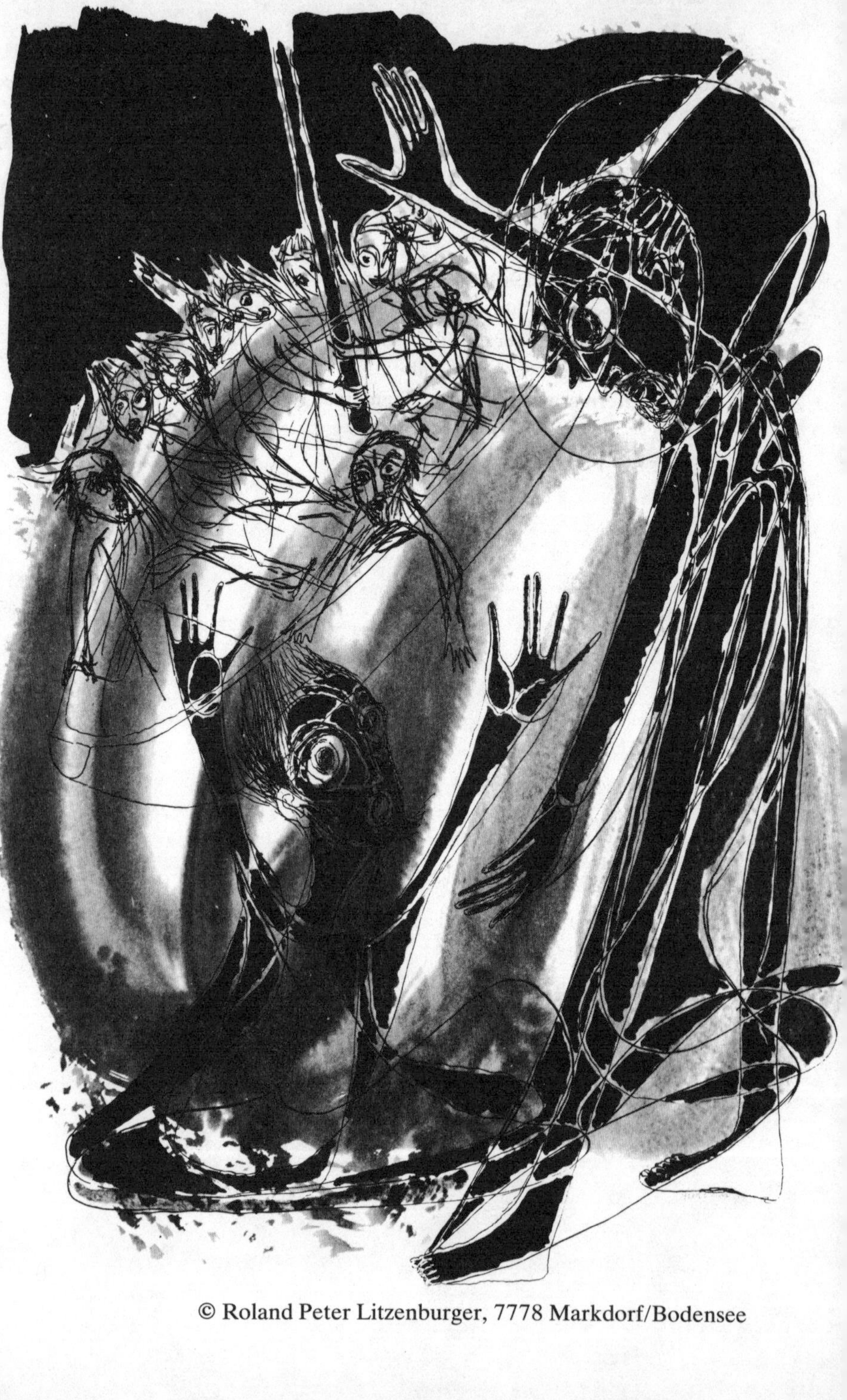

Mt 14, 22–34: Der Gang Jesu auf dem Wasser

In der Heiligen Schrift wird uns immer wieder von Menschen erzählt, die in Angst lebten, die sich fürchteten und die aus ihrer Angst befreit wurden. Eine dieser Situationen schildert uns das Bild.

Sogleich nötigte er die Jünger, das Boot zu besteigen und ihm voraus an das andere Ufer zu fahren, während er die Volksscharen entließ. Nachdem er dies getan hatte, stieg er den Berg hinan, um für sich allein zu beten.

Es war Abend geworden, und er war dort allein. Das Boot hatte sich schon weit vom Lande entfernt und wurde von den Wogen bedrängt, denn es herrschte Gegenwind. Da – es war die vierte Nachtwache – kam er, auf dem See wandelnd, auf sie zu.

Als die Jünger ihn auf dem See einherwandeln sahen, meinten sie aufgeregt: „Ein Gespenst!“ Und sie schrien vor Furcht. Aber sogleich redete Jesus sie an. „Mut!“, rief er, „ich bin es, fürchtet euch nicht!“

Da gab ihm Petrus zur Antwort: „Herr, bist du es, so heiße mich zu dir über das Wasser kommen!“

Er sprach: „So komm!“

Da entstieg Petrus dem Boot und schritt über die Wasser, um zu Jesus zu gelangen. Als er aber den starken Wind sah, bekam er Angst, und da er anfing zu sinken, schrie er: „Herr, rette mich!“

Sogleich streckte Jesus seine Hand aus, faßte ihn und sprach zu ihm: „Kleingläubiger, warum hast du gezweifelt?“

Als sie in das Boot gestiegen waren, legte sich der Wind. Sie aber fielen im Boote vor ihm nieder und sprachen: „Wahrhaftig, du bist Gottes Sohn!“ So fuhren sie denn auf das Land zu und kamen nach Gennesaret.

Gebetsimpulse

Ich möchte so gern meine Angst überwinden, aber ich trau mir einfach zu wenig zu und mir fehlt der nötige Mut. Hilf mir, Herr!

Herr, gib acht auf uns, denn das Meer ist so groß, der Wind ist so stark, die Wellen sind so tief, und unser Boot ist so klein!

Ich glaube, ich habe zutiefst Angst, weil ich vergesse, daß Du da bist; weil ich kaum glauben kann, daß Du zu mir gesagt hast: Ich bin bei dir. Fürchte dich nicht.

Ich habe Angst; Angst vor der Ungewißheit, Angst vor der Zukunft, Angst vor den Menschen, Angst vor Enttäuschung, Angst vor mir selbst. Laß mich doch die Erfahrung machen, daß Du mir nahe bist und mich aus aller Angst befreien kannst.

Herr, bist Du es wirklich oder bist Du nur ein Gespenst? Ich bin so mißtrauisch. Ich habe Angst zu lieben. Ich habe Angst, geliebt zu werden. Ich habe Angst vor Bindungen. Schenk mir mehr Glauben, mehr Vertrauen Dir gegenüber und gegenüber Menschen, die es mir wirklich gut meinen.

Christus, Du hast Petrus das befreiende Wort zugesagt: So komm! Schick uns Menschen, die so zu uns sprechen und uns Mut machen, wenn uns die Angst überkommt.

Text und Melodie: Helga Poppe – Bruderschaft vom Kreuz

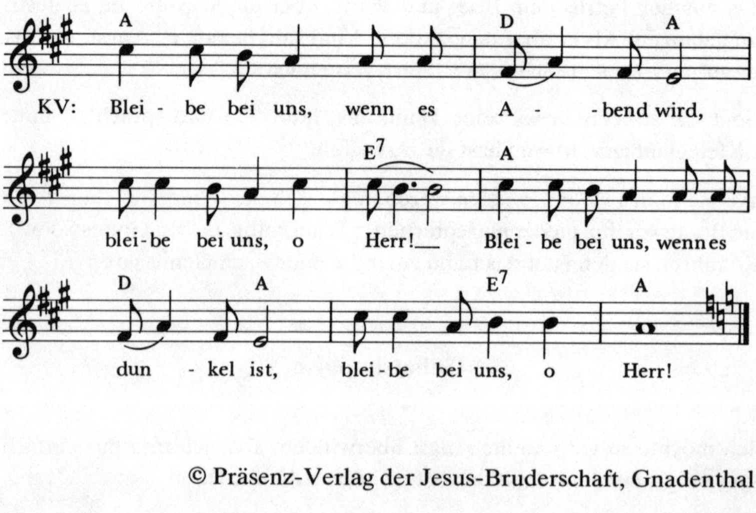

6. Übung: Sich freitanzen (meditatives Stehen, Gehen, Tanzen)

Diese Übung setzt voraus, daß der Leiter selbst um seine eigene leibliche Ausdrucksfähigkeit weiß, der meditativen Bewegung grundsätzlich positiv gegenübersteht, selbst eingeübt ist und an sich auch schon die befreiende Erfahrung eines meditativen Tanzens gemacht hat. Außerdem ist es wichtig, daß der Raum genügend Bewegungsfreiheit ermöglicht und die Gruppe noch überschaubar ist.

Eine gute und leichte Vorübung ist das meditative Stehen. Wir verteilen uns im Raum, stellen uns in leichte Grätsche (möglichst ohne Schuhe) und versuchen, uns in einen „Baum" hineinzufühlen: mit den Füßen angewurzelt sein, feststehen, im Boden Halt suchen; mit den Armen nach oben spüren und – einer Baumkrone gleich – ausgreifen; leichter Wind bringt uns von der Mitte des Körpers heraus zum Schwingen. Je nach Musik und Interpretation werden die Bewegungen stärker bzw. verhaltener. Werden die Augen geschlossen, dann kann das manchem helfen, die anfänglichen Hemmungen zu überwinden. Außerdem werden Konzentration und aufmerksames Hinhören dadurch intensiviert.

Aus dem Stehen heraus gelingt die Überleitung zum meditativen Gehen ziemlich selbstverständlich. Die verschiedenen Grundformen der Fortbewegung werden bewußt nachvollzogen: gelöstes Dahinschlendern, zielstrebiges Schreiten, schleichendes Gehen; hektisches Eilen, müdes Dahinschleppen, aufbrausendes Drauflosgehen, zorniges Stampfen . . . Sobald sich der einzelne vom Platz wegbewegt, sind natürlich die Augen zu öffnen.

Meditatives Stehen und Gehen sind Vorübungen und gleichzeitig Elemente des meditativen Tanzens. Hier wird der ganze Körper in die Bewegung mit hineingenommen. Entscheidend dabei ist, daß die einzelnen Formen nicht „gemacht" sind, sondern ehrlicher Ausdruck meiner inneren Stimmung sind. Das bedeutet, daß ich mich in die jeweilige Stimmung hineinfühle und sie in Bewegung umsetze. Ich lasse mich los, „lasse mich gehen", lasse mich bewegen und tanzen. Auch die kleinste und kaum sichtbare Gebärde kann darum freimachen.

Eine bedeutende Funktion kommt bei dieser Übung der Musik zu. Besonders geeignet dafür:
Sätze aus dem „Pastorale" von L. v. Beethoven; Passagen aus der „Romantischen" von A. Bruckner; Instrumentalmusik aus dem Film „Z" von

M. Theodorakis; „Bolero" von M. Ravel; „Equinoxe" (Synthesizer) von J. M. Jarre; die meisten Stücke von J. Ch. Michel; ebenso fast alle Stücke von Gh. Zamfir, besonders aus „Eté d'amour"; z. T. auch ausgewählte Disco-Musik.

Herr des Tanzes

Dieses Chanson kann auf die religiöse Dimension des Tanzes hinweisen.

Text: Sydney Carter
Musik: nach einer überlieferten Weise von Sydney Carter

2. I danced for the scribe
and the pharisee,
but they would not dance
and they wouldn't follow me.
I danced for the fishermen,
for James und John;
they came with me
and the dance went on.

3. I danced on the Sabbath
and I cured the lame.
The holy people they
said it was a shame.
They whipped and they stripped
and they hung me on high,
and they left me there
on the cross to die.

4. I danced on a Friday
when the sky turned black.
It's hard to dance
with the devil on your back.
They buried my body
and they thought I'd gone
but I am the dance
and I still go on.

5. They cut me down
and I leapt up high.
I am the life
that'll never, never die.
I'll live in you
if you'll live in me.
I am the Lord
of the Dance, said he.

Ich tanzte am Morgen, als die Welt begann,
und ich tanzte im Mond, in den Sternen, in der Sonne,
ich stieg vom Himmel und tanzte auf der Erde,
zu Betlehem wurde ich geboren.

Ich tanzte für die Schriftgelehrten und die Pharisäer,
aber sie wollten nicht tanzen, nicht folgen mir,
ich tanzte für die Fischer, für Jakobus und Johannes,
sie kamen zu mir, und der Tanz begann.

Ich tanzte am Sabbat und heilte die Lahmen,
das heilige Volk sagte, es sei eine Schande.
Sie peitschten mich und entkleideten mich,
sie hingen mich ans Kreuz und ließen mich sterben.

Ich tanzte am Freitag, als der Himmel sich verfinsterte.
Es ist schwer zu tanzen, den Teufel im Rücken.
Sie begruben meinen Leib und glaubten mich tot.
Aber ich bin der Tanz, und der Tanz geht weiter.

Sie schlugen mich nieder, ich stieg empor,
ich bin das Leben, das nimmer will sterben,
ich will leben in dir, wenn du willst leben in mir.
Ich bin der Herr des Tanzes, sagt er.

Refrain:
Tanze, wo immer du bist,
denn ich bin der Herr des Tanzes, spricht er,
ich werde dich führen, wo immer du bist,
ich will dich führen zum Tanz, sagt er.

5. Thema:

WIR LEBEN VON BEZIEHUNGEN

1. Übung: Wir bilden eine Beziehungskette

Diese Übung ist besonders günstig zum Kennenlernen, wenn eine Gruppe neu zusammenkommt, wenn ein neuer Abschnitt anfängt, wie z. B. Schulanfang, zu Beginn eines Seminars, bei einer neuen Zusammensetzung; sie ist aber auch angebracht nach einer Auseinandersetzung, bei Streitigkeiten, bei Intrigen und belastenden Cliquenbildungen.

Jeder Teilnehmer erhält einen bunten Tapetenstreifen (etwa 35 cm lang, 4 cm breit, eine Fläche unbedruckt) und schreibt darauf seinen Namen, sein Alter und je nach Intension der Übung Hobbies, Interessen, Ängste, Erwartungen, Wünsche, Vorstellungen, Vorschläge . . . Ist die Gruppe klein, so werden die Streifen eingesammelt. Jeder zieht sich dann einen neuen Streifen und liest die Angaben durch. Nun geht einer (1) auf die von ihm „gezogene" Person (2) zu und klammert mit einer Heftmaschine die beiden Enden des Streifens zusammen. Die anderen sitzen bzw. stehen da und schauen dem Geschehen zu. Wer aus der Gruppe (2) gezogen hat, geht dazu (3), hängt kettenartig seinen Streifen in das erste Glied und klammert auch zusammen. Wer aus der Gruppe die betreffende Person (3) gezogen hat, kommt dazu, kettet ein . . . So wird eine Beziehungskette gebildet, die am Schluß mit dem ersten Glied verbunden wird.

In einer Schulklasse bzw. bei mehr als zwölf Jugendlichen werden kleinere Gruppen gebildet. Der Vorgang der Kettenbildung geht entsprechend vor sich, nur werden am Schluß die einzelnen „Gruppenketten" zu einer Gesamtkette zusammengeklammert.

Unsere bunte Beziehungskette wird in die Mitte gelegt oder so aufgehängt, daß sie für jeden gut sichtbar ist. Wir lassen dann das ausdrucksstarke Symbol einige Minuten auf uns wirken, denken nach und teilen – soweit die einzelnen können und wollen – mit, was uns in dem meditativen Tun und Nachdenken aufgegangen ist.

Sehr zu empfehlen ist diese Übung als Vorbereitung für einen gemeinsamen Gottesdienst. Wir haben dies an unserer Schule bei einem Anfangsgottesdienst mit über 300 Schülern gut meditativ durchführen können. Wichtig ist auch, daß die Beziehungskette längere Zeit im Schulzimmer, Gruppenraum . . . aufgehängt werden kann.

Meditative Gedanken zum Gottesdienst (Einführung und Bußakt)

(von Jugendlichen zusammengestellt und auch vorgetragen)

V_1 Während sonst unsere Gottesdienste jedesmal von einer Klasse vorbereitet werden, hat diesmal jeder von uns zur Gestaltung mit beigetragen. Wir haben uns alle Gedanken gemacht, was wir uns vom neuen Schuljahr erwarten, welche Ängste uns belasten und welche Wünsche wir an uns selbst, an unsere Klasse und an die Lehrer haben.

V_2 Viele von uns wünschen sich freilich gute Noten, rechnen damit, daß sie die Probezeit bestehen, das Klassenziel erreichen oder die Abschlußprüfung meistern. Andere wollen mehr als bisher lernen und ihre Fähigkeiten entsprechend ausnutzen.
Die meisten von uns leiden darunter, wenn die Klasse zersplittert ist oder in Cliquen zerfällt. Sie erwarten sich eine gute Klassengemeinschaft, die zusammenhält, in der Probleme miteinander besprochen werden, in der keiner als Außenseiter abgeschoben wird, in der der einzelne ernst genommen wird, in der man einander hilft. Alle erhoffen sich verständnisvolle Lehrer, die gerecht und nicht zu streng sind, die uns in unseren Lernschwierigkeiten helfen, die nicht zuviel Hausaufgaben geben, die uns als Menschen begegnen und auch manchmal „durch die Finger" schauen.

V_3 Jeder von uns hat neben den ausgesprochenen und geheimen Wünschen für das neue Schuljahr auch sein „Päckchen" an Sorgen und Ängsten zu tragen. Darf ich an der Schule bleiben? Werde ich die Abschlußprüfung gut bestehen? Komme ich in dem Fach, das mir schwerfällt, wohl gut mit? Werde ich meine Vorsätze dieses Jahr durchhalten können? Habe ich neben der Schule noch genügend Zeit für mich? Komme ich mit einigen mir unsympathischen Mitschülern oder Lehrern zurecht? Werde ich selbst in der Klasse angenommen?

V_4 Miteinander geht es viel leichter, das wissen wir. Darum haben wir in den Klassen eine Kette geformt zum Zeichen dafür, daß wir miteinander durch das neue Schuljahr wollen. *(Die Klassensprecher springen über ihre Klassenkette!)* Jeder ist ein kleines Glied in der Kette, aber auf jeden kommt es an, damit die Kette hält und trägt.

V_5 Nicht nur die eigene Klasse sollte zusammenhalten. Auch die Beziehung zu den Parallelklassen ist wichtig. Meist gibt es da Neid und Rivalität, weil anscheinend immer die anderen bevorzugt werden, weil sie Vorteile haben, weil sie einen besseren Notendurchschnitt erzielen, weil . . . Man steigert sich dann in etwas hinein; wir sind neidisch und ungerecht und leben nebeneinander her. Aber sehr glücklich fühlen wir uns in dieser Rolle nicht gerade. Wir sollten lieber miteinander unsere Schulsorgen und Schulfreuden tragen. *(Ketten der Parallelklassen zusammenketten mit jeweils einem neuen roten Streifen.)*

V_6 Auch die Schulgemeinschaft sollte uns interessieren. Wir wünschen uns eine Schule, wo nicht die Älteren auf die Jüngeren herunterschauen, sondern eine Gemeinschaft, wo einer mit dem anderen redet, auch wenn er in einer anderen Klasse ist. Wir wollen unseren Klassenkreis nicht zu eng halten, sondern eine große Gemeinschaft sein, wo sich einer für den anderen interessiert, wo einer den anderen mitkommen läßt, wo man sich kennt. *(Alle Ketten mit einem weiteren roten Streifen zusammenklammern und dann an der Wand hinter dem Altar aufhängen oder vor den Altar legen.)*

V_7 Gemeinsam geht vieles leichter, miteinander ist es interessanter und netter als allein. Es macht mehr Spaß und wir gewinnen Zeit. Einer ermutigt den anderen. Man verliert nicht so schnell die Geduld. Was der eine nicht so kann, weiß vielleicht der andere. Wenn wir miteinander etwas unternehmen, dann ist es aber auch notwendig, daß ich die Ideen des anderen akzeptiere, daß ich auf ihn Rücksicht nehme, daß ich manchmal nachgebe, daß ich ein Stück von mir zur Verfügung stelle, daß ich mich auf meine Fehler aufmerksam machen lasse, daß ich dem anderen zuhöre, daß ich ihm vertraue und daß ich mich auch anpassen kann. Denn jeder von uns ist ein kleines Glied in der Kette.

V_8 Wir wollen ein wenig nachdenken, wie wir uns persönlich verhalten, wenn es um eine gemeinsame Sache geht. Denke ich nur an mich? Überfordere ich den anderen? Lasse ich andere für mich denken und arbeiten? Bin ich neidisch, wenn es andere besser machen? Kann ich mich mitfreuen, wenn sie Erfolg haben? Bin ich bereit, mich für andere einzusetzen? Kann ich mich in die Kette einfügen?

Meditative Musik, dann das Lied: Zieh den Kreis nicht zu klein

Gebet

Laßt uns beten!
Gott, Du hast Dich uns in Jesus Christus zugewandt. Du kennst uns, unser Versagen und unsere Sehnsüchte vielleicht besser als wir selbst. Du weißt, daß wir wie diese Kette zusammenhalten wollen, füreinander mehr Vertrauen aufbringen möchten und uns gegenseitig helfen wollen. Wir erfahren aber immer wieder unsere Grenzen. So wagen wir mit Deiner Hilfe einen neuen Anfang und versuchen, den engen Kreis um unser Ich zu sprengen. Unterstütze Du unser Tun und sei uns nahe mit dem Geist Deiner Liebe, durch Christus, unseren Herrn. – Amen.

2. Übung: Lied- und Tanzmeditation

Wir lernen das nachfolgende Lied. Nach dem Ansingen meditiert jeder für sich etwa fünf Minuten lang die kurzen Verse: Welche Strophe spricht mich besonders an? Welche Situationen fallen mir ein? Was bedeutet für mich der Refrain? Dann teilen wir einander unsere Gedanken mit, werden wieder still und versuchen, neue Strophen zu dichten. Sie müssen nicht unbedingt singbar sein! Wir tragen sie dann vor, entscheiden uns für weitere Strophen und singen das Lied mit allen neugedichteten Strophen.

Das Lied reizt auch zu einer einfachen Tanzmeditation. Die Kreisform bietet sich von selbst an. Meist bringen die Jugendlichen genügend Ideen zu den Tanzvariationen.
Nur einige Vorschläge:
- *Bei der Strophe stehen wir im engen Kreis, beim Refrain weiten wir den Kreis aus, dann Sirtaki-Schritt;*
- *bei den Strophen gehen wir meditativ im Kreis, beim Refrain wieder Sirtaki-Schritt;*

– *doppelter Kreis, eventuell nach Geschlechtern getrennt, bei den Strophen in verschiedener Tanzrichtung gehen, beim Refrain in Paaren (der Form nach wie beim Jägermarsch!);*
– *bei den Strophen zu Paaren in Swinghaltung, beim Refrain Englische Kette.*

Wichtig ist bei der Tanzmeditation, daß die Schritte nicht schwierig sind, so daß das Tanzen nicht von Text und Melodie ablenkt, sondern diese unterstützt.

Zieh den Kreis nicht zu klein!

Text und Musik: H. G. Surmund

2. Wenn du sprichst, sprich nicht allein,
steck andre an.
Sprechen kann Kreise ziehn.
Wenn du sprichst, sprich nicht für dich,
sprich andre an:
Zieh den Kreis nicht zu klein ...

3. Wenn du hörst, hör nicht allein,
steck andre an.
Hören kann Kreise ziehn.
Wenn du hörst, hör nicht für dich,
hör für mich mit:
Zieh den Kreis nicht zu klein ...

4. Wenn du weinst, wein nicht allein,
steck andre an.
Weinen soll Kreise ziehn.
Wenn du weinst, wein nicht für dich,
schließ dich nicht ein:
Zieh den Kreis nicht zu klein ...

5. Wenn du lachst, lach nicht allein,
steck andre an.
Lachen soll Kreise ziehn.
Wenn du lachst, lach nicht für dich,
lach anderen zu:
Zieh den Kreis nicht zu klein ...

Gedanken zum Lied

Zum Refrain: Ein abgeschlossener Kreis ist auf die Dauer lebensunfähig. – Ausgeschlossensein ist schlimm. – Jeder Kreis braucht eine Mitte. – „Cliquenwirtschaft“ zerstört eine Gemeinschaft. – Der Kreis darf aber auch nicht zu groß sein, sonst ist Beziehung nicht mehr möglich. – Wo sind Grenzen von Toleranz und Offenheit?

Wenn du sprichst . . .: Oft spreche ich am anderen vorbei. – Häufig sage ich nur, was mich interessiert. – Der andere erwartet ein Wort von mir. – Ein kleines Wort kann Wunder wirken!

Wenn du hörst . . .: Der andere sagt oft mehr, als er mit Worten ausdrückt. – Ich höre oft nur einen kleinen Teil des Gesagten. – Der andere kann mich ergänzen. – Der andere ist vielleicht gerade nicht in der Lage, sich zu konzentrieren. – Zu zweit hört man mehr als allein.

Wenn du weinst . . .: Leid wird leichter, wenn wir uns mitteilen können. – Geteiltes Leid ist halbes Leid! – Sich anvertrauen können im Leid ist nicht immer leicht. – Männer weinen nicht!? – Eigentlich ist die Operettenweisheit „Immer nur Lächeln, immer vergnügt . . . denn wie's da drin aussieht, geht niemand was an" recht bedenklich. – Hoffentlich begegnen wir im Leid Menschen, die uns helfen, wenn wir uns einschließen.

Neue Strophen:

Wenn du hoffst . . . hoff' für mich mit.
Wenn du glaubst . . . steck' andere an.
Wenn du lernst . . . lern' doch mit mir.
– – –
Wenn du feierst . . .
Wenn du betest . . .
Wenn du meditierst . . .
Wenn du dich entscheiden mußt . . .
Wenn du Gutes tust . . .
Wenn du Ideen hast . . .

3. Übung: Ein Stück von mir hergeben

Je nach Alter, Zeit und Intension eine der Geschichten bzw. Märchen aussuchen, vorlesen und dann etwa fünf Minuten besinnen!
Was kann mir die Geschichte sagen über menschliche Beziehungen?
Was sagt mir *diese Geschichte über mich und meine Beziehung zu anderen?*

Zwei Eisblöcke

Es waren einmal zwei Eisblöcke. Das Verhältnis zwischen ihnen war sehr kühl, was nicht verwunderlich ist. Der eine dachte: Warum kommt der andere nicht näher zu mir? Aber der Eisblock konnte nicht gehen und kommen. Da dachte der eine: Wenn der andere auftaut, dann taue ich auch auf. – Aber weil der Eisblock nicht von selbst auftaute, taute keiner von beiden auf.

So geschah es, daß niemand auf sie zukam und jeder noch mehr in sich selbst vereiste. Nach Monaten – oder war es nach Jahren? – entdeckte der eine Eisblock eines Mittags, als die Sonne strahlte, daß er schmelzen konnte, und er sah, daß er sich zu Wasser verflüssigte, und daß er doch noch er selbst war. Auch der andere machte diese wunderbare Entdeckung. Über die ganz alltäglichen Wassergräben flossen sie aufeinander zu. Sie begegneten sich. Zwar spürten sie ihre Kälte noch, aber auch ihre Schwachheit und ihren guten Willen, ihre eigene Not und die vom anderen. Sie fanden, daß sie einander nötig hatten und zusammenbleiben müßten.

Da kam ein Kind, und dann noch eins, und noch andere Kinder. Und die ließen kleine Schiffe auf dem großen, starken Wasser fahren. Sie hörten, daß die Kinder glücklich waren. Und diese Freude spiegelte sich wie eine Sonne im Wasser.

P. Cornelis

Die Geschichte vom Salzmännchen

Das Salzmännchen geht in die Welt, um sie kennenzulernen, und kommt schließlich bis ans Meer. „Wer bist du?“ – „Ich bin das Meer.“ – „Was ist das?“ – „Ich bin ich.“ – „Das verstehe ich nicht.“ – „Dann strecke deinen Fuß ein bißchen ins Wasser.“ Das Salzmännchen tut’s, zieht ihn dann aber schnell wieder zurück. „Du hast mir etwas weggefressen.“ – „Du hast etwas von dir hergeben müssen, um mich kennenzulernen. Willst du mich noch mehr kennenlernen?“ – Und das Salzmännchen tauchte immer mehr ins Wasser, löste sich dabei mehr und mehr auf und hatte doch das Gefühl, immer mehr das Meer kennenzulernen.

(Aus einem Erfahrungsbericht über Kartage mit Jugendlichen)

Was ist wirklich?

„Das Holzpferd", so heißt es, „lebte länger in dem Kinderzimmer als irgend jemand sonst. Es war so alt, daß sein brauner Stoffbezug ganz abgeschabt war und eine ganze Reihe Löcher zeigte. Die meisten seiner Schwanzhaare hatte man herausgezogen, um Perlschnüre auf sie aufzuziehen. Es war in Ehren alt geworden ..."

„Was ist wirklich", fragte eines Tages der Stoffhase, als sie Seite an Seite in der Nähe des Laufställchens lagen, noch bevor das Mädchen hereingekommen war, um aufzuräumen. „Bedeutet es, Dinge in sich zu haben, die summen, und mit einem Griff ausgestattet zu sein?" „Wirklich", antwortete das Holzpferd, „ist nicht, wie man gemacht ist. Es ist etwas, was an einem geschieht. Wenn ein Kind dich liebt für eine lange, lange Zeit, nicht nur, um mit dir zu spielen, sondern dich wirklich liebt, dann wirst du wirklich."

„Tut es weh?", fragte der Hase.

„Manchmal", antwortete das Holzpferd, denn es sagte immer die Wahrheit. „Wenn du wirklich bist, dann hast du nichts dagegen, daß es weh tut."

„Geschieht es auf einmal, so wie wenn man aufgezogen wird?", fragte der Stoffhase wieder, „oder nach und nach?"

„Es geschieht nicht auf einmal", sagte das Holzpferd. „Du wirst. Es dauert lange. Das ist der Grund, warum es nicht oft an denen geschieht, die leicht brechen oder die scharfe Kanten haben oder die schön gehalten werden müssen. Im allgemeinen sind zur Zeit, da du wirklich sein wirst, die meisten Haare verschwunden, deine Augen ausgefallen; du bist wackelig in den Gelenken und sehr häßlich. Aber diese Dinge sind überhaupt nicht wichtig; denn wenn du wirklich bist, kannst du nicht häßlich sein, ausgenommen in den Augen von Leuten, die überhaupt keine Ahnung haben." „Ich glaube, du bist wirklich", meinte der Stoffhase. Und dann wünschte er, er hätte das nicht gesagt – das Holzpferd könnte empfindlich sein. Aber das Holzpferd lächelte nur.

aus dem Kinderbuch: „The Velveteen Rabbit", M. Williams, New York, ohne Jahrgang

Von der Rose ...

Von Rainer Maria Rilke gibt es eine Geschichte aus der Zeit seines ersten Pariser Aufenthaltes.

Gemeinsam mit einer jungen Französin kam er um die Mittagszeit an einem Platz vorbei, an dem eine Bettlerin saß, die um Geld anhielt. Ohne zu irgendeinem Geber je aufzusehen, ohne ein anderes Zeichen des Bittens oder Dankens zu äußern als nur immer die Hand auszustrecken, saß die Frau immer an gleichen Ort.

Rilke gab nie etwas; seine Begleiterin gab häufig ein Geldstück. Eines Tages fragte die Französin verwundert nach dem Grund, warum er nichts gebe, und Rilke gab ihr zur Antwort: „Wir müßten ihrem Herzen schenken, nicht ihrer Hand." Wenige Tage später brachte Rilke eine eben aufgeblühte weiße Rose mit, legte sie in die offene, abgezehrte Hand der Bettlerin und wollte weitergehen.

Da geschah das Unerwartete: Die Bettlerin blickte auf, sah den Geber, erhob sich mühsam von der Erde, tastete nach der Hand des fremden Mannes, küßte sie und ging mit der Rose davon.

Eine Woche lang war die Alte verschwunden; der Platz, an dem sie vorher gebettelt hatte, blieb leer. Vergeblich suchte die Begleiterin Rilkes eine Antwort darauf, wer wohl jetzt der Alten ein Almosen gebe.

Nach acht Tagen saß plötzlich die Bettlerin wieder wie früher am gewohnten Platz. Sie war stumm wie damals, wiederum nur ihre Bedürftigkeit zeigend durch die ausgestreckte Hand.

„Aber wovon hat sie denn all die Tage, da sie nichts erhielt, nur gelebt?", fragte die Französin. Rilke antwortete: „Von der Rose" ...

aus: Josef Bill, Vom zärtlichen Menschen,
Verlag Katholisches Bibelwerk GmbH,
Stuttgart

4. Übung: Zeichen echter Freundschaft

Der Einstieg in diese Meditation kann sehr verschieden gewählt sein: ein zur Zeit gängiger Schlager über Liebe oder Freundschaft; der Song von Udo Jürgens „Wahre Liebe ist ganz leise"; Reinhard Meys Chanson „Du, meine Freundin"; Sonett Nr. 19 von Bert Brecht oder auch die Dankzeilen von Antoine de Saint-Exupéry. Ebenso ist es möglich, durch entsprechende Redewendungen die Erfahrung bewußt zu machen, daß wir heute sehr schnell von „Liebe" reden und das Wort „Freund" oft im Mund führen.

Wir denken über unsere freundschaftlichen Beziehungen nach. Wen zählen wir zu unserem Freundeskreis? Warum ist er/sie mir Freund? Welche Erwartungen und Vorstellungen habe ich von einem Freund, einer Freundin? Wann habe ich Bedenken, jemanden als Freund zu bezeichnen? (Bei diesen Überlegungen spielt das Geschlecht zunächst nicht die entscheidende Rolle!) Nach etwa zehn Minuten Stille schreiben wir auf zwei (verschiedenfarbige) Blätter unsere wichtigsten Überlegungen auf: Ich kann von einem Menschen glauben, daß er mich wirklich gern hat, daß er mir Freund ist, wenn . . .

Ich hätte ernste Bedenken, ob mein Freund/meine Freundin wirklich zu mir steht, wenn . . . In Kleingruppen sprechen wir dann über diese Zeichen echter bzw. fragwürdiger Freundschaft.

Als eine weitere Form der Vertiefung dient eine Art von strukturiertem Entscheidungsgespräch. Jeder der Jugendlichen erhält die von ihnen gemachten Aussagen, auf einem Blatt zusammengestellt. Er nimmt sich genügend Zeit, um sie zu meditieren, kreuzt dann die für ihn wichtigen an bzw. setzt dort ein Fragezeichen, wo er nicht zustimmen würde. Danach vergleichen und sprechen wir in Untergruppen über unsere Einstellungen und Erfahrungen. Die Zeichen und Eigenschaften, die auch in der Gruppe für besonders wichtig bzw. besonders fragwürdig gehalten werden, schreiben wir dann auf einen Plakatkarton. In der Großgruppe wird nicht diskutiert, sondern nur noch verglichen.

Darum brauche ich Deine Freundschaft

Darum, mein Freund, brauche ich so sehr Deine Freundschaft. Zu Dir kann ich kommen, ohne eine Uniform anziehen oder einen Koran hersagen zu müssen; kein Stück meiner inneren Heimat brauche ich preiszugeben. In Deiner Nähe habe ich mich nicht zu entschuldigen, nicht zu verteidigen, brauche ich nichts zu beweisen. Dein Jasagen zu dem, was ich bin, hat Dich gegen Haltung und Bekenntnis nachsichtig gemacht, so oft es nötig war. Ich weiß Dir Dank dafür, daß Du mich so hinnimmst, wie ich bin.

aus: Antoine de Saint-Exupéry, Bekenntnis einer Freundschaft, Karl Rauch Verlag KG, Düsseldorf

Sonett Nr. 19

Nur eines möcht ich nicht: daß du mich fliehst.
Ich will dich hören, selbst wenn du nur klagst.
Denn wenn du taub wärst, braucht ich, was du sagst
und wenn du stumm wärst, braucht ich, was du siehst

und wenn du blind wärst, möcht ich dich doch sehn.
Du bist mir beigesellt als meine Wacht:
Der lange Weg ist noch nicht halb verbracht
bedenk das Dunkel, in dem wir noch stehn!

So gilt kein „Laß mich, denn ich bin verwundet!"
So gilt kein „Irgendwo" und nur ein „Hier"
der Dienst wird nicht gestrichen, nur gestundet.

Du weißt es: wer gebraucht wird, ist nicht frei.
Ich aber brauche dich, wie's immer sei
ich sage ich und könnt auch sagen wir.

Bertolt Brecht, Sonett Nr. 19, aus: Gesammelte Werke, Suhrkamp-Verlag, Frankfurt/M. 1967

Ich hätte ernste Bedenken, ob mein Freund/meine Freundin wirklich zu mir steht, wenn . . .

. . . er mir seinen Willen zum Befehl machen würde;
. . . er mit mir spielen würde;
. . . er sich nicht um mich kümmern würde;
. . . ich ihm immer Anstöße geben müßte, mich abzuholen, mich mitzunehmen . . . wenn er sich also kaum bemühen würde, mich zu treffen;
. . . er mein Vertrauen mißbrauchen würde;
. . . sie bewußt etwas tun würde, was mir schaden könnte;
. . . er verschlossen und wortkarg zu mir wäre, ohne mir den Grund seines Ärgers zu sagen;
. . . sie mich in schwierigen Situationen im Stich ließe;
. . . er ständig für mich entscheiden wollte, meine eigene Meinung nicht akzeptieren und die seine in den Vordergrund stellen würde;
. . . sie bewußt etwas sagen würde, was mich kränkt;
. . . sie meine Probleme für lächerlich hinstellen und kein Verständnis für mich aufbringen würde;
. . . er mich mit einem anderen Mädchen betrügen würde;
. . . sie Sorgen hätte und mir nichts davon erzählen, sondern lieber zu einem anderen Menschen gehen würde;
. . . er fremdginge;
. . . er einem ernsten Gespräch mit mir ausweichen würde;
. . . er nie die gleichen Gedanken und Interessen hätte wie ich;
. . . ich merkte, daß sie mich ausnützte;
. . . er mich nicht um meiner selbst willen gernhätte, sondern nur wegen äußerer Schönheit;
. . . er nicht einmal meine Telefonnummer wüßte;
. . . sie mich vor anderen bloßstellen und mich hinter meinem Rücken schlecht machen würde;
. . . ihm anderes viel wichtiger erschiene und er diesem mehr Zeit widmen würde als mir;
. . . er zu anderen grob wäre, sie sogar schlagen würde;
. . . er mich wie ein kleines Kind behandeln würde;
. . . ich darauf käme, daß sie mich belügt;
. . . er mich vor Angriffen anderer nicht verteidigen würde;
. . . sie versuchte, mich nach ihrem Vorbild umzumodeln;
. . . sie mich von einem Tag auf den anderen „sitzen lassen" könnte;
. . . er mich nicht besuchen würde, wenn ich krank bin;

... er mehr körperliche Liebe suchte als meine Freundschaft;
... ich mich genauso verhalten sollte wie seine Mutter;
... sie mich gängeln und bevormunden würde;
... sie nicht ehrlich zu mir wäre, mir mißtrauen würde und immer Geheimnisse vor mir hätte;
... sie sich wenig Zeit für mich nähme;
... ich erführe, daß sie das, was ich ihr persönlich anvertraue, anderen weitererzählt.

Ich kann von einem Menschen glauben, daß er mich wirklich gern hat, wenn ...

... er auch meine Schwächen akzeptiert und mich nicht immer zu ändern versucht;
... er meine geheimsten Wünsche von meinen Augen ablesen kann;
... er immer für mich da ist, aber sich selbst nicht von mir unterdrücken läßt;
... er für mich durchs Feuer geht;
... für ihn Liebe nicht nur sexuelle Lust bedeutet;
... er sich bei einer Entscheidung zwischen Reichtum und mir für mich entscheiden würde;
... er mich anderen vorstellt, auch wenn ich mal nicht so gut frisiert und gekleidet bin;
... er für mich etwas Wichtiges aufgeben würde, z. B. das Rauchen;
... er seine Probleme ebenso mit mir bespricht wie ich meine;
... er mich nicht „sitzen läßt", auch wenn ich einen Fehler begehe;
... er Geheimnisse zwischen uns für sich behält;
... er mein persönliches Ich voll entfalten läßt und nicht versucht, mich zu beeinflussen;
... er zu mir freundlich und aufmerksam ist;
... er auf mich Rücksicht nimmt;
... er für mich in einer Situation einspringt, wo ich ihn brauche;
... er auch in Dingen zu mir steht, wo er auf etwas verzichten muß, was er gerne tun würde;
... er mir vertraut;
... er auf mich nicht ständig eifersüchtig ist;
... er mir zuhören kann;

... er mir immer wieder verzeiht;
... er ehrlich zu mir ist und ich mit ihm ganz frei über alles sprechen kann;
... wir gemeinsam Entscheidungen treffen können;
... er mich vor anderen verteidigt;
... er seine Zeit mit mir verbringt;
... er zärtlich zu mir sein kann;
... er mir durch Aufmerksamkeiten zeigt, daß er mich mag;
... er mich als Mensch ernst nimmt;
... er trotz Konflikten mit seinen Eltern oder Freunden zu mir steht;
... ich merke, daß er gern mit mir zusammen ist und sich bemüht, mich oft zu sehen;
... er mir auch in Krisensituationen treu ist.

5. Übung: Ein mir liebgewordener Gegenstand

In unserer „Wegwerfgesellschaft" ist die Erfahrung bewußt zu verstärken, daß auch die Beziehungen, die wir zu Dingen haben, unser Leben prägen. Diese Übung kann und soll jungen Menschen dazu verhelfen.
Jeder bringt einen kleinen Gegenstand mit, der ihm etwas bedeutet: eine Muschel, ein Schmuckstück, einen Stein, einen Schlüssel, eine besondere Briefmarke, ein Buch, ein Glas, ein Spielzeug ... Als Einstieg dient entweder die Geschichte, die von den Chassidim überliefert ist, oder die Erzählung von K. H. Waggerl „Mein Stock".

Dann nimmt jeder seinen Gegenstand in die Hand und läßt ihn zu sich sprechen: Wie kam er zu mir? Was bedeutet er mir? Was kann er mir sagen? Nach etwa zehn Minuten stellt jeder mit ein paar Sätzen den anderen seinen Gegenstand vor.

Die Sprache der Dinge

Die jüdischen Frommen waren überzeugt, daß alle Dinge eine Sprache haben, eine Anrede an jeden, der mit ihnen Beziehung aufnimmt. Sie waren allerdings unsicher, ob das auch für technische Dinge gilt. So gingen sie zu ihrem Rabbi und fragten ihn.

„Von allem vermag man zu lernen", sagte einmal der Rabbi von Sadagora zu seinen Chassidim, „alles vermag uns zu lehren. Nicht bloß alles, was Gott geschaffen hat, auch alles, was der Mensch gemacht hat, vermag uns zu lehren."

„Was können wir", fragte ein Chassid zweifelnd, „von der Eisenbahn lernen?" „Daß man um eines Augenblicks willen alles versäumen kann." „Und vom Telegraphen?" „Das jedes Wort gezählt und angerechnet wird." „Und vom Telephon?" „Daß man dort hört, was wir hier reden."

Gott redet zum Menschen durch die Dinge und Wesen, die Er ihm in den Weg schickt. Und der Mensch antwortet darauf durch die Art und Weise, wie er mit eben diesen Dingen umgeht.

aus: Martin Buber, Die Erzählungen der Chassidim,
Manesse-Verlag, Zürich

Mein Stock (etwas gekürzt)

Mein Stock hängt an einer Lederschlaufe neben der Tür. Viele Stöcke hängen da, denn ich komme selten von einer Reise zurück, ohne einen tüchtigen Stecken mitzubringen, den ich mir irgendwo unterwegs geschnitten habe. Es weht mich warm und würzig an, wenn ich einen wieder in die Hand nehme . . .

Der Stock, von dem ich eigentlich reden wollte, der mit der Lederschlaufe, kam auf seltsame Weise in meinen Besitz, es ist keine rühmliche Geschichte.

Einmal im Winter, an einem stürmischen Abend, klopfte es noch an die Tür. In solchen Zeiten lasse ich gern das Licht vor dem Haus brennen, damit mir die Nacht nicht zu nah an die Fenster kommt. Nun ging ich also verdrossen, um nach diesem späten Gast zu sehen. Der Wind riß mir gleich die Klinke aus der Hand, Treibschnee fegte in den Flur, ein verteufeltes Wetter. Draußen stand ein alter Mann auf den Stufen, ich kannte ihn. Er kam oft vorüber, klopfte und hielt mir die Hand entgegen. Nie sagte er ein Wort des Grußes oder des Dankes, er sah mich nur an mit seinen wässerigen Trinkeraugen, und ich gab ihm, was mir eben einfiel, ein Endchen Wurst oder etliche Groschen aus der Hosentasche. Über der Schulter trug er einen Stock und daran hing ein Sack, aber was mich jetzt ärgerte, war sein kahler Kopf, es lag ihm wahrhaftig schon Schnee auf dem Schädel. Da nahm ich meine wollene Haube vom Haken, ein wenig schwankte der Alte, als ich ihm die Mütze über die Ohren zog, und dann ging er wortlos davon, wie die leibhaftigen guten Werke.

Das aber war der Augenblick, in dem ich mich hätte besinnen müssen. Ich hätte an die rückwärtige Kammer denken sollen, o ja, ich dachte auch daran. Dort stand ein leeres Bett bereit, Tisch und Stuhl für einen Gast, und es war warm und behaglich in dieser Stube. Es gab auch noch Suppe in der Küche, oder ein Butterbrot, und eine halbe Flasche Bier auf dem Fensterbrett. Aber zugleich dachte ich an mein sauberes Haus, und daß dieser Kerl hereintappen würde, naß und dreckig und weithin nach Branntwein stinkend. Wie er seine Fetzen auf den gewachsten Boden fallen ließe und unter das frische Leintuch kröche, mitsamt seinem Grind und seinen Läusen. Und da schlug ich die Tür zu und ließ das ganze Unbehagen draußen, Sturm und Kälte und alles miteinander.

Zwei Tage später kam der Totengräber und zeigte mir einen Stock, eine großartige Arbeit, aus Nußbaumholz geschnitzt. Den Knauf bildete ein bärtiger Kopf, und auch aus den Astknoten sahen lauter Gesichter, alle mit offenen Mündern, als schrien sie aus dem Holz.

Ob ich das Ding etwa kaufen wollte? fragte der Mann. Er habe nun doch diesen Alten eingraben müssen, diesen Josef, eine Schinderei in dem gefrorenen Boden, und nichts dafür zu lösen. Gut, ich nahm den Stecken für ein anständiges Geld. „Mach ihm auch ein Kreuz auf das Grab“, sagte ich. „Wann ist er denn gestorben?“

„Gestorben eigentlich nicht“, sagte der Totengräber, „erfroren.“

Ich muß noch etwas hinzufügen, nur für mich, es soll niemanden beschweren: Das Böse, das wir tun, wird uns Gott vielleicht verzeihen. Aber unverziehen bleibt das Gute, das wir nicht getan haben.

aus: Karl Heinrich Waggerl, Liebe Dinge,
Otto Müller Verlag, Salzburg, 1956

6. Übung: Mein Beziehungsnetz

Wir sitzen im Kreis. In der Mitte liegt ein einfach geknüpftes Netz aus farbigen Sisalschnüren. Sechs Fäden hängen lose, in der Mitte ist ein Faden mit eingebunden (siehe Skizze!).

Miteinander überlegen wir, welche Beziehungen unser Leben prägen bzw. geprägt haben: Eltern; Freunde; Klasse – Schule; Geschwister – Verwandte; Beziehung zu Tieren, Pflanzen, Dingen; Nachbarn – Bekannte. Für jede Beziehungsgruppe nimmt einer aus dem Kreis einen Faden auf. Der Faden in der Mitte wird nach oben gehalten: Beziehung zu Gott.

Das gespannte Netz lassen wir etwa fünf Minuten als Symbol für unsere Beziehungen auf uns wirken. Hinweis auf die Knotenpunkte! Anschließend zeichnet jeder auf ein großes Blatt mit einer Farbe sein eigenes Beziehungsnetz, ergänzt eventuell noch Fäden und bezeichnet sie genauer. Mit einer zweiten Farbe heben wir dann die Beziehungsfäden hervor, die unser Leben besonders prägen bzw. geprägt haben, unabhängig davon, ob sie für uns belastend oder beglückend sind. Und in einem dritten Schritt bezeichnen wir mit einer dritten Farbe die Beziehungsfäden, die zur Zeit für mich sehr wichtig sind, für die ich Zeit und Kraft aufwenden will, die ich ausbauen möchte.

Für das Anfertigen des eigenen Beziehungsnetzes sollte man sich etwa 25 bis 30 Minuten Zeit lassen. Die Anregung zu Gebetsimpulsen am Schluß bietet sich meist an und wird oft aufgegriffen.

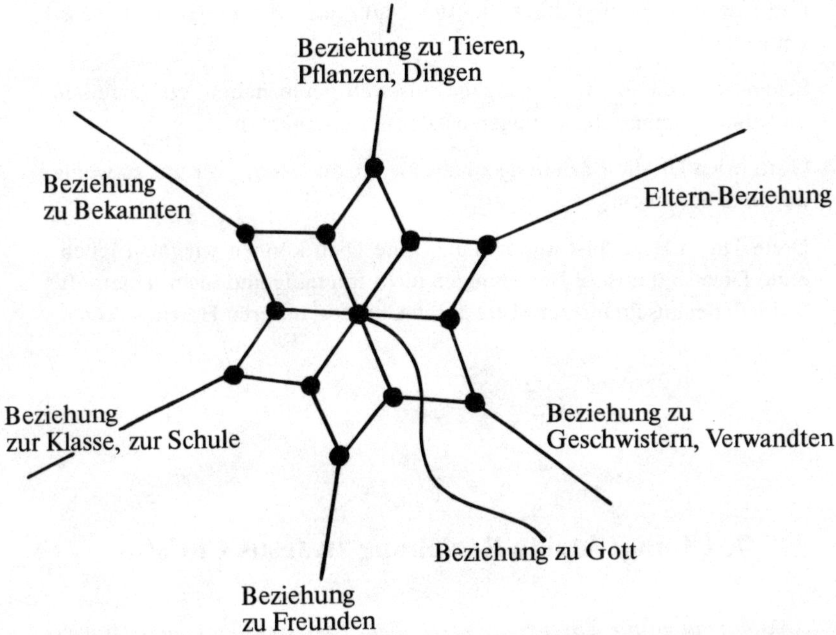

Gebetsimpulse

Gott, Du bist mitten unter uns, wo Menschen in Beziehung treten, wo sie einander brauchen und helfen, wo sie aufeinander zugehen, wo sie sich in Liebe begegnen. So kommen wir zu Dir mit unseren Bitten.

Gib uns und allen jungen Leuten genügend Kraft und Ausdauer, um die geknüpften Beziehungen aufrechtzuerhalten.

Laß uns dankbar sein gegenüber all den Menschen, denen wir viel in unserem Leben verdanken.

Hilf uns, die Beziehungen in unseren Gruppen und Klassen zu verbessern und die Vorurteile in Familie und Schule abzubauen.

Laß uns die alten Menschen mit ihren Einstellungen und Bedenken verstehen und die Beziehungen zu ihnen nicht abbrechen.

Gib uns den rechten Blick für die Natur und die Dinge in unserer Umwelt.

Schenk uns die Kraft, denen, die uns weh getan haben, zu verzeihen und abgebrochene Beziehungen wieder neu zu knüpfen.

Gott, brich Du die Beziehung zu uns nie ab, auch wenn wir uns zu wenig um Dich bemühen.

Denn Du, o Herr, bist unser Halt. Ohne Dich können wir nicht leben, ohne Dich sind unsere Beziehungen nicht tragfähig und nicht dauerhaft. So bleib bei uns in unserer Mitte durch Christus, unseren Herrn. – Amen.

7. Übung: Meine Beziehung zu Jesus Christus

Anknüpfend an die „Beziehung nach oben", der sechsten Übung, fragen wir uns, was Jesus Christus für uns und unser Leben bedeutet. Einige ausgewählte Dias (z.B. O. Kokoschka, Christus hilft den hungernden Kindern, 1945; O. Pankok, Jesus zerbricht das Gewehr, 1950; R. Litzenburger, Mich dürstet nach reinem Wasser, 1974; M. Beckmann, Christus und die Sünderin, 1917; E. Barlach, Das Wiedersehen, 1926; W. Habdank, Blindenheilung, 1966) sollen bewußt machen, daß die Beziehung zu Jesus sehr verschieden sein kann.

Anschließend versuchen wir, uns den beiden Fragen zu stellen: Was beeindruckt mich an Jesus Christus besonders? Was befremdet mich an der Gestalt Jesu? Wem es eine Hilfe ist, der soll seine Überlegungen je auf ein Blatt schreiben. Soweit es dem einzelnen möglich ist, teilen wir einander dann in einem meditativen Gespräch unsere Antworten mit. Werden dazu entsprechende Bilder oder Dias gewählt, dann ist die Erfahrung in der Regel stärker und ganzheitlicher.

Eine weitere Variante, die gern und positiv aufgegriffen wird, ist die Anregung, eine Art Beziehungsgeschichte mit Jesus Christus zu schreiben. Einige Stationen innerhalb der eigenen Entwicklung sind dabei zu markieren.

Sehr ansprechend ist für junge Menschen auch die Zusammenstellung ihres „Credos". Dies setzt aber die oben genannten meditativen Einstiege voraus.

Was beeindruckt mich an Jesus besonders?

... seine Unbeirrbarkeit, seine große Überzeugung von seiner Sendung und sein fester Glaube an seinen Vater;

... seine unwahrscheinliche Liebe zu seinen Mitmenschen, für die er sogar gestorben ist;

... daß er die Menschen mit seinen Predigten so mitgerissen hat;

... sein Ausstrahlen der Ruhe und des Friedens;

... sein menschliches Mitgefühl;

... daß er die große Last übernommen hat, die Gott ihm aufgetragen hat;

... daß er auch das getan hat, was andere ablehnten (mit Frauen öffentlich sprechen, Aussätzige heilen);

... daß er sich für seine Sache voll eingesetzt hat, auch wenn ihn alle seine Freunde verließen;

... daß er die Regeln und Gesetze der jüdischen Religion und Gesellschaft mißachtete, wenn es galt, anderen zu helfen;

... daß er auch mit der untersten Schicht verkehrte und den Menschen als solchen annahm, ohne nach seiner gesellschaftlichen Stellung zu fragen;

... daß er verzweifelten Menschen neue Hoffnung, neuen Lebenssinn gab;

... sein Mut, sich gegen das Altüberlieferte, das spießbürgerliche Denken damals aufzulehnen;

... seine Liebe zu den Kindern;

... seine geistige Kraft, die er ausstrahlte und die auf andere überging;

... daß er gegen die damalige Hierarchie war und unbedingt für die Armen eingetreten ist;

... seine Lehre, die den Menschen zeigen soll, wie sie miteinander leben sollen;

... daß er für alle ein „Ohr" hatte;

... daß er jedem verzeihen kann, selbst denen, die ihn kreuzigten;

... daß er wegen eines verlorenen Schafes die übrigen 99 verlassen hat, das bedeutet für mich, daß er sich um jeden einzelnen kümmert;

... daß er alle Menschen gleichsetzt, Arme und Reiche, Gesunde und Kranke, Fromme und Sünder, Gelehrte und Ungebildete, Männer und Frauen (leider nur zum Teil!)
... daß er selbst keine Besitztümer anstrebte und arm blieb;
... daß er nicht auf Äußerlichkeiten achtete;
... daß er immer die Wahrheit sagte und danach lebte, auch wenn es ihm Nachteile einbrachte;
... seine gewaltlose „Revolution".

Was befremdet mich an der Gestalt Jesu?

... daß er Qualen, welche ihm ungerecht zugefügt wurden, ohne ein Wort des Klagens auf sich genommen hat;
... daß seine Freunde Familie und Heim verlassen mußten und er selbst seine Mutter vernachlässigt hat; daß er über die Liebe predigte, aber Ehen und Familien trennte;
... daß zu seiner engeren Jüngerschaft nur Männer gehörten. Er hat ja schließlich gelehrt, daß alle Menschen vor Gott gleich sind. Warum waren dann keine Frauen unter seinen Auserwählten?
... daß er in Gleichnissen gesprochen hat, die oft sehr schwer zu verstehen sind;
... daß er *so* gütig, geduldig, so ohne Fehler und Schwächen dargestellt wird;
... daß er von uns so viel verlangt, z.B. daß wir – wie er – immer allen verzeihen sollen. Ich finde, Jesus überfordert uns in mancher Hinsicht;
... seine Aussage: Schlägt dich einer auf die linke Wange, so halte ihm auch die rechte hin;
... daß man alles für ihn aufgeben soll, ihn mehr lieben soll als alle anderen;
... daß er sagte, er bringe nicht den Frieden, sondern das Schwert;
... an der Gestalt Jesu stößt mich eigentlich gar nichts ab. Es ist mehr die Kirche, die ich oft ablehne.

Meine „Beziehungsgeschichte“ mit Jesus Christus

... Als Kind mit etwa 9 Jahren war Jesus für mich einfach da und ein sehr guter Mensch. Ich ging in die Kirche, weil alle gingen. Später wurde er mir zur Last, er war ja *so* gut, er tat immer das Richtige und ich meinte, er verlangt von mir auch, ein so guter, toller Mensch zu werden, und ich mied ihn. Dann bekam ich wieder Bezug durch Jugendgottesdienste ... Jetzt weiß ich, daß er mich liebt, wie ich bin. Er hilft mir im Leben!

... Als Kind stellte ich mir Jesus vor wie meinen Vater. Mit sieben oder acht Jahren hatte ich gar kein Interesse mehr (das glaubte ich zumindest). Dann trat ich in eine katholische Jugendgruppe ein, und von da an denke ich richtig über ihn nach und glaube fest an ihn. Jetzt sehe ich ihn mehr als „großen Bruder oder Freund“, an dem ich mich orientieren kann, bei dem ich Hilfe suche, mit dem ich reden kann!

... Als Kind war er für mich eine Gestalt, vor der ich Angst hatte. Es war furchtbar für mich zu wissen, daß er alles über mich weiß. Später habe ich diese Angst verloren.

... Als Kind habe ich keine Beziehung zu ihm gehabt bis hin zur Firmung, dann kam eine sehr starke Beziehung, und ich habe mich sehr mit meinem Glauben und dem Nichtglauben meiner Freunde auseinandergesetzt; ich spürte eine innerliche Wärme, wenn ich betete. Zur Zeit sehe ich Jesus als Freund an, mit dem man reden kann. Eigentlich sind es Selbstgespräche, die ich dann führe.

... Meine Eltern sind „Taufchristen“, somit hatte ich nie einen richtigen Bezug zur Kirche. Ich habe zwar bis jetzt alles mitgemacht, aber nie gewußt, wozu und weshalb. Seit ... ist mir klar geworden, daß mir Jesus, Gott und der Glaube, wie ihn die Kirche darstellt, nichts bedeutet.

... Früher glaubte ich viel mehr und stärker an Jesus. Als Kind sieht man die ganze Jesusgeschichte viel realer. Jetzt denke ich mir öfter: Kann es wohl sein, daß die eine oder die andere Geschichte aus der Bibel wirklich stimmt? D.h. ich müßte mir wieder mehr Zeit für Jesus nehmen, um die Bibel regelmäßig zu lesen, um zu beten, um nicht nur am Sonntag zum Gottesdienst zu gehen.

... Als wir auf die Erstkommunion vorbereitet wurden, war Jesus für mich eine Gestalt aus einer fremden Welt. Jesus, so glaube ich, war damals wie ein fremder Mensch, so war auch mein Verhältnis zu ihm. Bis heute ist mir selbst in bezug auf mein Verhältnis zum Sohn Gottes noch sehr vieles zweifelhaft und unklar. Jesus als Mensch dagegen ist mir viel klarer und einsichtiger geworden als damals, d.h. aber nicht, daß mein Glaube an ihn unerschütterlich ist, ich ringe immer noch, um eine echte „Verbindung“ zu ihm herzustellen.

... Als ich etwa zwölf Jahre alt war, glaubte ich unbedingt an Gott und Jesus. Ich wäre sogar bereit gewesen, für meinen Glauben zu sterben. Jetzt mit 15 Jahren ist es sehr schwer für mich, (wirklich) zu glauben, daß es Gott und Jesus gibt. Als ich im Religionsunterricht hörte, daß Jesus eine historische Person war, die also tatsächlich vor 2000 Jahren gelebt hat, daß es aber nicht historisch beweisbar ist, daß er der Sohn Gottes ist und all die Wunder gewirkt hat, geriet ich in einen inneren Konflikt.

... Ich weiß nicht, ob ich jemals ein wirklich guter Christ werde, doch glaube ich an Gott. Auch wenn ich nicht jeden Sonntag in die Kirche gehe, so bete ich doch zu Christus, und ich hoffe, daß ich das Beten nie, was auch kommt, verlernen werde.

... Ich meine, bei mir folgende Entwicklung feststellen zu können: so mit zwölf Jahren war ich ziemlich überzeugt von Jesus, habe ihn aber dann nicht mehr als Sohn Gottes gesehen, sondern als besonders tollen und guten Menschen! Später habe ich langsam gezweifelt. Meine Konfirmation habe ich fast nur noch wegen der Tradition gemacht. Und zur Zeit bin ich nicht mehr überzeugt von Jesus und Gott.

... Als kleines Kind stellte ich mir Jesus als wunderbare Gestalt vor. Dann, als ich älter wurde, verlor ich zum Teil den Glauben an ihn. Aber heute begeistert mich seine Gestalt wieder aufs neue und ich glaube fest an ihn.

... An die Kindheit (als ich etwa zehn Jahre alt war) kann ich mich nicht mehr allzu gut erinnern, aber ich glaube, daß das Verhältnis ziemlich ungetrübt, aber eben kindlich war; ich hatte mich nicht wirklich mit Jesus auseinandergesetzt. Zwischen meiner Kindheit und heute liegen einige Jahre, in denen ich Jesus zwar nicht abgelehnt, mich mit ihm aber auch nicht näher befaßt habe. Heute suche ich nach einem Weg, Jesus voll in mein tägliches Leben aufzunehmen. Denn er ist uns eine große Stütze. Aber es macht mich auch bisweilen ziemlich hoffnungslos, wenn ich gute Vorsätze fasse, sie aber nicht in die Tat umsetzen kann. Ich möchte Jesus auch anderen Menschen nahebringen, aber um sie zu überzeugen, fehlen mir leider die Argumente. Von meinen Eltern habe ich eigentlich keine Hilfe in meiner Suche nach Gott (Jesus).

... Als kleines Mädchen fühlte ich mich sehr mit Jesus verbunden und zu ihm hingezogen, denn auch meine Eltern sind sehr religiös, und ich konnte mir gar nicht vorstellen, daß es Jesus nicht gäbe. Als ich dann immer mehr selbständig zu denken anfing und mich selbst fragte, ob es denn Jesus überhaupt gebe, konnte ich es zuerst nicht genau beantworten und lebte eine Zeitlang im Zweifel mit mir selbst und Jesus. Jedoch mußte ich die Frage beantwortet wissen und las sehr viel über ihn, und schließlich kam ich zu der Erkenntnis, daß ich schon als kleines Mädchen mit meiner Einstellung recht hatte, und bemühe mich wieder um eine gute Beziehung zu Jesus. Ich bin froh, daß es Jesus gibt; er gibt mir oft Halt.

Mein „Credo“

Ich glaube an Jesus Christus, der mir vorgelebt hat, wie Menschen miteinander leben sollen; der selbst erfahren hat, wie Menschen von Menschen ungerecht behandelt werden, und der durch seine grenzenlose Liebe zu uns gezeigt hat, wie Gott zu uns steht.

Ich glaube an Jesus Christus, der mir seine Liebe durch andere Menschen sagen läßt; durch Menschen, die mir helfen und mich verstehen; durch Freunde, die zu mir halten und mich annehmen. Er befreit mich von meinen Ängsten und gibt meinem Leben Sinn und Halt.

Ich glaube an Jesus Christus, der mich zum Leben frei macht; der mich bestärkt, anderen zu helfen und zu verzeihen; der von mir erwartet, daß ich viel Phantasie und Engagement entwickle, um seine Botschaft in meinem Leben zu verwirklichen.

Ich glaube an Jesus Christus, der Gottverlassenheit und Todesangst selbst durchlebte, das schwere Kreuz auf sich nahm und so Leid und Tod überwunden hat. Er gibt mir Hoffnung auf ein Leben in Fülle.

Anregungen

Es seien noch einige Anregungen genannt, die direkt mit den Übungen in Beziehung stehen:

Theresia Hauser (Schriftleitung und Redaktion), Das Thema. Arbeitsheft zu aktuellen Themen, München, Heft 12 – Heft 23;

Jugendverbände der Gemeinschaften christlichen Lebens (Hrsg.), Antenne, Augsburg, 1978–1981;

Dia-Meditationen aus dem Impuls-Studio, München; bes. Nr. 18: Mit dem Kreuz leben;

Werner Schaube, Junge Leute beten. Texte und Impulse, Don Bosco Verlag, München ^{2}1979.